Judy Rodgers e Gayatri Naraine

ALGO ALÉM DA GRANDEZA

Conversas com o cientista
Humberto Maturana e a yoguini Dadi Janki

Judy Rodgers e Gayatri Naraine

ALGO ALÉM DA GRANDEZA

Conversas com o cientista
Humberto Maturana e a yoguini Dadi Janki

INTEGRARE
EDITORA

Título original:
*Something Beyond Greatness - Conversations with
a Man of Science & a Woman of God*

Copyright da edição original © 2009 Judy Rodgers and Gayatri Naraine.
Copyright da edição brasileira © 2010 Integrare Editora e Livraria Ltda.

Publisher
Maurício Machado

Supervisora editorial
Luciana M. Tiba

Coordenação e produção editorial
Estúdio Sabiá

Tradução
Antonio de Pádua Danesi

Preparação de texto
Célia Regina Rodrigues de Lima

Revisão
Sílvia Carvalho de Almeida
Valéria Sanalios
Hebe Ester Lucas

Projeto gráfico de capa e de miolo / Diagramação
Nobreart Comunicação

Dados Internacionais de Catalogação na Publicação (CIP)
(Câmara Brasileira do Livro, SP, Brasil)

Rodgers, Judy
    Algo além da grandeza : conversas com o cientista Humberto
Maturana e a yoguini Dadi Janki / Judy Rodgers, Gayatri Naraine ; [tradução
Antonio de Pádua Danesi]. – São Paulo : Integrare Editora, 2010.

    Bibliografia.
    ISBN 978-85-99362-46-4

    1. Altruísmo 2. Conduta de vida 3. Compaixão (Ética) 4.
Comportamento de ajuda 5. Solidariedade I. Naraine, Gayatri. II. Título.

10-00794

CDD-177.7

Índices para catálogo sistemático:
1. Altruísmo : Ética das relações sociais 177.7

Todos os direitos reservados à
INTEGRARE EDITORA E LIVRARIA LTDA.
Rua Tabapuã, 1123, 7º andar, conj. 71-74
CEP 04533-014 – São Paulo – SP – Brasil
Tel. (55) (11) 3562-8590
Visite nosso site: www.integrareeditora.com.br

Para
Dadi Janki

Os autores gostariam de agradecer aos editores e indivíduos que permitiram reimprimir o material citado (incluindo informações biográficas).

Autorizações

Hafsar Abiola, entrevista com os autores, Kent, Inglaterra, março de 2006. Reimpresso com permissão.

"A Man Down, a Train Arriving, and a Stranger Makes a Choice", por Cara Buckley, *The New York Times*, 3 de janeiro de 2007, A1. Reimpresso com permissão. ©2007 *The New York Times*.

Padre Pierre Ceyrac, entrevista com os autores, Paris, março de 2006. Reimpresso com permissão.

"What Good are Positive Emotions", de Barbara L. Fredrickson, *Review of General Psychology 2*, n. 3 (1998): 300-19. Reimpresso com permissão de Barbara L. Fredrickson.

(Continua na página 131)

Uma universidade espiritual

Faz trinta anos que venho dedicando-me a ajudar na coordenação da Organização Brahma Kumaris no Brasil.

Neste tempo todo, acompanhei seu crescimento, não apenas em nosso país, mas na América Latina e no mundo.

De outro lado, desafios da vida cotidiana nos forçam a desenvolver métodos para lidarmos com o crescente estresse, relacionamentos difíceis, –crises de todas as cores e tamanhos, desde as pessoais até as econômicas- e a busca por mais saúde e qualidade de vida.

De outro lado porque a vida cotidiana está cada vez com mais desafios que nos forçam a desenvolvermos métodos para lidarmos com o crescente estresse, relacionamentos difíceis, crises de todas as cores e tamanhos, desde as pessoais até as econômicas, busca por mais saúde e qualidade de vida.

De forma orgânica e natural, a OBK foi expandindo sua atuação para hoje ter 40 pontos regulares de atividades em nosso país, e sedes na maioria dos países do continente americano, além de 8.000 escolas em 130 países. O segredo de seu sucesso está em grande parte por ter na base da organização, que estruturou-se de forma moderna –utilizando os recursos da tecnologia e precisão em preencher as bases legais de cada sociedade onde –atua a configuração de ser antes de tudo uma família global. A irmandade, camaradagem e intercâmbio regular entre seus membros, encorajados a se conhecerem e se comunicarem através dos boletins, cartas, e mais recentemente usando a internet como veículo de aproximação e amizade, faz com que todos sintam-se indivíduos verdadeiramente sem fronteiras de raça, cultura, gênero, religião.

O estilo de vida que encorajamos aos membros a adotarem (meditação diária, alimentação vegetariana e aula regular do conhecimento do Raja Yoga, entre outros), faz com que todos sintam o apoio, a proteção e a referência saudáveis para o desenvolvimento de uma identidade como SER e o fortalecimento de sua autoestima.

Como uma universidade espiritual mundial, a oportunidade de aprender e aprofundar o entendimento dos princípios universais e valores éticos por meio de uma variedade de programas educacionais, cursos e outros recursos de aprendizagem, capacita seus membros a serem melhores cidadãos atuantes em suas comunidades locais.

As escolas são mantidas e coordenadas por pessoas que vivem e trabalham profissionalmente, e oferecem de forma voluntária seu tempo livre e talentos. Embora seja uma entidade de utilidade pública federal, não faz campanha para levantamento de fundos e nem cobra taxas fixas por seus cursos e programas. Os recursos financeiros são obtidos de contribuições voluntárias de pessoas ou empresas que experimentam benefícios pessoais ou de sua equipe com as atividades oferecidas. Exemplo disso, é a iniciativa da Integrare Editora em reverter uma porcentagem das vendas deste livro à OBK.

Como uma família mundial, uma universidade sem fronteiras e uma organização internacional, a OBK vem realizando sua missão de formar pessoas felizes, íntegras e comprometidas em criar um mundo melhor.

Om Shanti (saudações de paz)

Luciana M. S. Ferraz
Coordenadora Nacional da Organização Brahma Kumaris
www.bkumaris.org.br

Sumário

Mensagem da Brahma Kumaris 7

Prefácio de Christina Carvalho Pinto 11

Capítulo Um   **A inspiração** 17

Capítulo Dois   **A pesquisa** 25

Capítulo Três   **Um homem da ciência e uma mulher de Deus** 35

Capítulo Quatro   **Momentos de grandeza** 41

Capítulo Cinco   **Vidas grandiosas** 59

Capítulo Seis   **A consciência de ser um instrumento** 69

Capítulo Sete   **O ato de ver como uma ação transformadora** 73

Capítulo Oito   **Agir com o coração** 79

Capítulo Nove   **O efeito dominó da grandeza** 87

Capítulo Dez   **O cultivo da grandeza** 99

Capítulo Onze   **Algo além da grandeza** 107

Capítulo Doze   **Reflexões sobre a busca da grandeza** 115

Bibliografia 123

Colaboradores 125

Autorizações (continuação) 131

Agradecimentos 133

Índice remissivo 135

Sobre as autoras 137

PREFÁCIO

Grandeza é algo tão inerente à vida como o ar que respiramos ou a água que bebemos. Invisível como o ar, disforme como a água, a grandeza está em toda parte.

Podemos reconhecê-la no imenso amor das mães, no poder regenerador do perdão, na generosidade da Natureza, na obstinação inquebrantável daqueles que acreditam na vida como um presente a ser cuidado qualquer que seja a circunstância.

Ao longo de nossa jornada, aqui e ali nos deparamos com a grandeza, seus gestos, seus sinais, seus efeitos milagrosos. Reconhecer a própria grandeza e a do outro (todos os outros), entrar em conexão com ela, nutri-la e compartilhá-la é certamente o sentido maior da história de cada ser humano.

Da mesma forma que o egoísmo, oposto à grandeza, se nutre vorazmente da matéria, a grandeza encontra na dimensão espiritual sua nutrição.

Algumas pessoas, por misteriosas e luminosas razões, vão além da grandeza.

Este livro é sobre essas pessoas, sua Luz, seus motivos, seus frutos cujo sumo leva toda a humanidade a sentir o adocicado sabor de que, simultaneamente a todos os paradoxos, sim, este é um mundo possível.

A idéia do livro partiu de duas mulheres de grande dimensão: Judy Rodgers, que fez do seu conhecimento em mídia e negócios uma trajetória única, voltada ao aprimoramento da consciência dos líderes corporativos e da própria mídia; e Gayatri Naraine, líder nata, que colocou a dimensão espiritual na agenda das Nações Unidas ao conduzir a Brahma Kumaris ao *status* de consultora para o Conselho Econômico e Social da ONU. Ambas tiveram a inspiração de produzir o livro por ocasião dos 90 anos de Dadi Janki, líder da Universidade Espiritual Brahma Kumaris, possivelmente o Ser mais impressionante com quem tive o privilégio de me encontrar em toda a minha vida.

Embora os Céus me tenham presenteado com o dom da palavra, Dadi Janki jamais poderá ser descrita por palavras. Para saber sobre Dadi Janki, há que receber seu *drixti*, seu olhar de infinito Amor e Aceitação, sua Luz genuína e transformadora, diante da qual o mais arrogante baixa suas armas, levanta seu espírito e se entrega à delícia tão rara e essencial de se sentir amado.

O olhar de Dadi Janki reconstrói pessoas porque, numa fração de segundo, nos devolve a capacidade de nos olharmos, a nós próprios, com mais amor.

De onde vem a força dessa mulher de metro e pouco de altura? "Quando me alimento do Poder de Deus, todo o ego se dissolve. O que fica é grandeza."

Contracenando com Dadi Janki no palco que vai se descortinando a cada página, o pensamento e sentimento desse que fez da biologia e da neurobiologia a base para alguns dos mais poderosos *insights* sobre os seres humanos: Humberto Maturana, cientista, escritor, pensador, sábio.

PREFÁCIO

No diálogo fascinante entre a espiritualidade e a ciência, mergulhamos num primeiro ponto em comum: um vasto e indissolúvel sentido de conexão.

Dadi tem consciência de que somos almas. Sendo assim, vive uma profunda conexão com Deus e se conecta de imediato com a divindade que habita cada um de nós.

Humberto Maturana tem consciência de que a vida se dá em processos sistêmicos. Sendo assim, sente-se conectado a tudo e a todos, como parte inseparável dessa resplandecente pulsação.

Um único fio conduz o caminho de ambos: o Amor.

Vem justamente do cientista esta tocante definição do que é amar: "Sentimo-nos amados quando estamos numa relação na qual não existem expectativas ou demandas colocadas sobre nós, de forma que não precisamos justificar nossa presença."

A Dra. Zilda Arns viveu isso durante toda a sua existência. Tive a honra de entrevistá-la durante o desenvolvimento do livro, tendo ela sido escolhida, por todos os critérios, como a mais edificante trajetória, na América Latina, de alguém que foi além da grandeza.

Dedico à Dra. Zilda este prefácio, a ela que nos deixou durante o terremoto que destruiu o Haiti, enquanto fazia uma palestra na casa de Deus, cercada de crianças. Dra. Zilda, anjo de bondade, voou para novas paragens mais amorosas e elevadas. Ou terá ela permanecido trabalhando entre os escombros, levando nos braços, beijando e abraçando as crianças desfiguradas?

Não carregava frustrações.

Em nossa conversa, falando da escolha que fizera em favor dos desprotegidos e de quanto se sentia afetivamente saciada, ela me contou: "Uma vez um repórter na Alemanha disse que eu era a mulher mais importante do Brasil; e eu respondi a ele: – Não sou a mais importante, sou a mais amada".

É com esse fio do Amor que Judy Rodgers e Gayatri Naraine tecem, ao longo das histórias aqui reveladas, uma aconchegante teia de reflexões e descobertas que se oferecem ao leitor como um colo de mãe no qual podemos respirar aliviados e seguros, simplesmente reconhecendo, em cada ponto, esse Nós há tanto tempo esquecido, tão belo e tão uno.

Ao mergulhar nas luzes e mistérios de cada um dos seres humanos aqui entrevistados, lembro-me de uma cena do filme *Avatar*, em que a habitante do planeta Pandora olha o invasor alienígena com um olhar que é todo limpidez; e ela lhe diz: "Eu te vejo". A partir daí, o invasor passa por arrebatadora transmutação. Em Pandora, todos estão unidos pela mesma energia indivisível e sistêmica a que se refere Maturana: a emanação da Grande Mãe, o poder Yin.

Nesse nível de consciência, conseguimos, afinal, ver o outro. Para ver, não pode existir nada entre o que vê e o que é visto: nenhuma intenção, nenhum objetivo, nenhum desejo pessoal. Ficam ambos – o que vê e o que é visto – suspensos num momento de mútuo reconhecimento, muito além da lógica, do julgamento, do próprio pensamento. Esse é o olhar do Amor.

Aqueles que chamamos de heróis nos veem assim. Eles nunca se descrevem como os grandes atores de sua própria história. Ao falar da grandeza, tudo de que se lembram, tudo que os engrandece e os faz felizes são os outros. Sua existência e seu Amor se misturam tanto com os outros que, de certa forma, eles não são apenas eles: eles são os outros, eles são toda a humanidade, tudo o que vive e pulsa sobre a Terra.

E, por se doarem e se mesclarem tanto com todos nós, nos dão a certeza de que também podemos ir além.

Christina Carvalho Pinto
Líder no setor de comunicações,
trabalha incansavelmente por uma
mídia mais ética e construtiva.

Capítulo Um

A INSPIRAÇÃO

Em 2006, Dadi Janki, renomada líder espiritual da Índia e querida amiga, completou 90 anos. Como um dos líderes da Universidade Espiritual Mundial Brahma Kumaris, viajara largamente proferindo conferências e compartilhando sabedoria espiritual com milhares de pessoas de todos os continentes durante décadas a fio. Por ser amiga de tanta gente em todo o mundo, houve celebrações natalícias em muitos lugares – em palcos de Londres, em barracas de Oxford, em salões na Índia e em muitos outros locais. No começo de 2004, antecipando essa ocasião auspiciosa, dois de nós manifestamos o desejo de criar um livro em sua honra – um livro de grandeza. Ela ouviu polidamente e então declinou, protestando não ter interesse numa obra desse tipo. Propus então um livro dedicado àquilo por que ela dera a vida – um livro dedicado aos servidores do mundo. Ela considerou a ideia e deu-me seu consentimento.

Comunicamos o projeto ao nosso amigo Tex Gunning, que se ofereceu para participar. Tex, diretor-gerente da empresa holandesa AkzoNobel, é conferencista, escritor e orador apaixonado sobre o papel do comércio na sociedade e a necessidade de liderança coletiva para afrontar os maiores desafios do mundo.

Decidimos começar com uma busca daqueles que dedicaram a vida ao serviço do mundo. Refletimos sobre o que torna Dadi Janki uma pessoa tão incomum – tão inspiradora para tanta gente. A partir daí criamos uma lista de critérios que descreviam o objeto de nossa busca.

Submetemos a lista de critérios a Tex, Peter Senge (conferencista do MIT e autor de *The Fifth Discipline*) e Humberto Maturana (amigo e biólogo mundialmente famoso que se especializa em biologia da cognição). Refinamos a lista e nos preparamos para começar uma busca formal de candidatos dotados de "algo além da grandeza". O resultado foi o seguinte:

Busca de pessoas dotadas de "algo além da grandeza"

Nesta época frágil, existem muitas pessoas que acabam fazendo a diferença. Todavia, há almas especiais que são chamadas a ir além dessa mera "diferença", que consagram a vida à humanidade, influenciando todos aqueles com quem entram em contato. Estamos realizando uma pesquisa para tentar compreender o tipo de caráter que define esses "servidores do mundo", pessoas como o político e líder espiritual indiano Mahatma Gandhi e a religiosa Madre Teresa, que ganhou o Prêmio Nobel da Paz em 1979 por seu trabalho com os mais necessitados da Índia. O que os leva a ter uma vida tão inspiradora?

Acreditamos que pessoas assim podem ser encontradas em todos os continentes, em todas as religiões e em diferentes gerações. Todavia, sejam quais forem as diferenças, achamos que elas compartilham algumas qualidades. Estamos tentando encontrar e entrevistar indivíduos dotados das seguintes qualidades e características:

• Uma mente estável, pacífica e compassiva.

- Seu serviço é dedicado à melhoria da vida e/ou à percepção alheia, sem nenhum egoísmo.

- O seu trabalho é proveniente de uma força ou fonte superior: compreendem que são um instrumento e são humildes devido a essa compreensão.

- Caracterizam-se pelos mesmos princípios que representam no mundo: sua vida interior e exterior são completamente integradas.

- Parecem incansáveis aos outros, renovando-se num poço de energia que lhes parece proporcionar resistência infinita e paciência ilimitada.

- Têm uma visão elevada daqueles a quem servem, reconhecendo neles a capacidade de renovação, recuperação e progresso tão claramente, que essas pessoas encontram uma força que ainda não conheciam.

- Suas convicções sobre o que fazem são tão fortes que não se abatem por falta de recursos ou apoio de terceiros.

A INSPIRAÇÃO

- São alegres, trabalhadores e surpreendentemente disponíveis – apesar da agenda sobrecarregada e da imensa responsabilidade que assumem.

O que é mais interessante nos dotados dessa inefável qualidade a que nos referimos como "além da grandeza" é que, embora cada qual tenha realizado um trabalho importante e transformador em sua vida, o que parece operar o maior serviço é a qualidade do seu ser. As pessoas dizem ser transformadas pela simples presença dos que têm esse caráter "além da grandeza".

Foi esse modo de ser, assim como os momentos de compreensão e crescimento, que lhes permitiram alcançar essa qualidade de caráter que esperamos mostrar neste livro.

Em seguida reunimos um grupo de companheiros afins e amigos em todos os continentes que têm em si a grandeza e certamente também conhecem indivíduos com essa qualidade. Enviamos a eles a lista de critérios, solicitando que indicassem nomes de pessoas que atendessem àquelas qualidades. Encontramos alguém que nos ajudaria na seleção e pesquisa dos nomes propostos e depois aguardaríamos. E aguardamos. Por fim, soubemos de um casal com quem tínhamos afinidade. Um escreveu da Austrália para dizer: "Pensei muito na sua solicitação e nesses critérios, e não conheço ninguém assim. Se encontrarem alguém, contudo, avisem-me. Adoraria conhecê-lo". Então ouvimos falar de um companheiro residente no Brasil: "Será que estaria vivo?". Nossa intenção era que o livro se baseasse em entrevistas, portanto deixamos de incluir pessoas falecidas, pois esperávamos encontrar "grandezas" vivas. Uma a uma, as respostas foram chegando – fazendo eco às duas primeiras.

Telefonamos para Tex, solicitamos e combinamos um encontro em Nova York. Semanas depois estávamos sentados juntos no Centro de Meditação e Galeria do Brahma Kumaris, na Quinta Avenida, expondo o nosso dilema. Explicamos que havia um acordo quase unânime quanto aos nomes de algumas figuras históricas, como Madre Teresa, Mahatma Gandhi e Martin Luther King Jr. Mas, quando chegou a hora de encontrar a mesma qualidade de caráter em pessoas ainda vivas, muitos mostravam-se embaraçados – não tinham efetivamente a menor ideia de alguém para sugerir. Estávamos começando a desanimar. Tex ouviu atentamente e então declarou que a situação era promissora. Ficamos perplexos. Perguntávamo-nos: mas o que é que ele está vendo de promissor nesse projeto fracassado?

Ele explicou tranquilamente: "O fato de quase todos concordarem quanto a alguns nomes indica que reconhecemos a grandeza quando a vemos, e isso pode significar que temos grandeza – ou a possibilidade de tê-la – em nós. A grandeza deve ser intrínseca em cada um. Tudo o que temos a fazer é descobrir mais coisas sobre isso". Incentivou-nos a seguir adiante, dizendo que não importava o número de pessoas cujo perfil havíamos traçado. O que interessava era a qualidade do que encontráramos. Por isso persistimos.

Capítulo Dois

A PESQUISA

Por fim, alguns nomes começaram a aparecer. Nosso pesquisador nos mandou grande quantidade de material. Descobrimos que muitas pessoas – milhares, talvez centenas de milhares – dedicaram a vida a ajudar os semelhantes, montando organizações não governamentais (ONGs) e fundações para tudo, desde ajuda a crianças até combate ao mal de Alzheimer. Eram pessoas boas. Mas seriam "grandes"? Quando passamos a investigar sua vida segundo nossos critérios, concluímos que era difícil responder com um "sim" sonoro. O mais aceitável seria um comedido "talvez".

Decidimos que a melhor abordagem era selecionar um pequeno número de pessoas entre aquelas que nos haviam sido recomendadas – uma amostragem ampla de continentes, etnias e gêneros. Começaríamos por entrevistá-las. Talvez, sentados com elas e ouvindo suas histórias, percebêssemos a grandeza que estávamos procurando. E foi o que fizemos.

Sentamo-nos com Abdul Kalam, então presidente da Índia, no palácio presidencial em Délhi; com Federico Mayor, ex-diretor-geral da Unesco e arquiteto do projeto Culture of Peace, da Universidade de Madri. Encontramo-nos com Hafsat Abiola, da Nigéria, quando ela estava em Kent, na Inglaterra. Abiola perdera os pais em assassinatos políticos e mais tarde fundou uma organização não governamental para treinar líderes femininas. Voamos para a Escócia a fim de nos encontrarmos com o diretor de um estabelecimento de ensino e líder educacional, Bart McGettrick, e para Paris, onde conhecemos o padre Pierre Ceyrac, jesuíta que dedicou a vida a ajudar órfãos na Índia. Nossa amiga e colega Christina Carvalho Pinto entrevistou Zilda Arns Neumann em São Paulo, no Brasil.

A cada vez ligamos o gravador e começamos a investigar com eles o mistério crescente chamado "algo além da grandeza". "De que o mundo mais precisa atualmente?", perguntamos. "O que leva uma pessoa a dedicar a vida ao serviço da humanidade?" "Houve alguma experiência que o induziu a fazer essa escolha de vida?" "Gostaríamos de entender o que se passa em seu coração e mente com respeito ao trabalho que está fazendo", e assim por diante.

Como são de fato pessoas maravilhosas, cada uma procurou responder honestamente às nossas perguntas, ouviu-nos com atenção e contou-nos suas histórias, lutas e conquistas. Nenhuma se considerou grande: todas citaram outros nomes, a quem atribuíram essa qualidade. Um dos entrevistados chegou a nos pedir, ao fim da entrevista: "Não ponham meu nome aí. Não sou um grande homem".

Findas as entrevistas, não estávamos nem um pouco mais perto de compreender "algo além da grandeza" ou a mentalidade dos autênticos servidores do mundo. Humildes e pensativos, voltamos à prancheta. Concluímos ser necessário refletir mais sobre o assunto, talvez usando as histórias que recolhêramos nas entrevistas como base para a reflexão. Escolhemos duas pessoas com quem gostaríamos de refletir sobre o tema. Consultamos Tex de novo, agora com uma proposta diferente: *Algo além da grandeza: Diálogos com um Homem da Ciência e uma Mulher de Deus.* "Vão lá", disse ele. Fomos então para o Chile.

UM HOMEM DA CIÊNCIA

Já conhecíamos havia anos Humberto Maturana e sua esposa, Beatriz. Na verdade, fazia algum tempo, ele e Dadi Janki haviam estado juntos num diálogo no Chile, ele como homem da ciência, ela como mulher de Deus. Deram-se muito bem, e suas diferentes perspectivas quanto à vida e à verdade se revelaram absolutamente complementares. Perguntamos a Maturana se nos poderia reservar algum tempo e ele concordou. É, acima de tudo, um homem de reflexão, um pensador original e amigo afetuoso. Leciona biologia na Universidade do Chile, em Santiago, e é fundador e diretor do Laboratório de Epistemologia Experimental e Biologia da Cognição. Maturana conquistou renome internacional como neurobiólogo e tornou-se um dos grandes expoentes dos modernos sistemas de pensamento. Publicou vários livros, entre eles o *best-seller* internacional *A Árvore do Conhecimento*, composto a quatro mãos com seu discípulo, Francisco Varela.

Um assunto sobre o qual tem escrito e falado bastante é a "biologia do amor". Para ele, no tema da grandeza, como na vida em si, a compreensão se reduz ao amor: "O amor ocorre quando a pessoa se comporta de tal maneira que os indivíduos ao seu redor se transformam em 'outros legítimos' na coexistência com ela. No dia a dia, dizemos que nos sentimos amados quando estamos num relacionamento sem expectativas ou exigências a nosso respeito, de sorte que não precisamos justificar nossa presença. O amor não espera retribuição. O outro pode aparecer tal como é, sem pretender ser o que nunca foi. O amor é uma disposição biológica, relacional, que não necessita de justificativa filosófica ou religiosa para se apresentar".

Uma pista para entender o modo como Maturana encara o amor é que este não espera nem exige nada dos outros. Ao trabalhar com ele para apreender sua noção de grandeza, esse foi um tema recorrente. Disse a certa altura: "Quando falo de grandeza, falo de um comportamento que envolve sabedoria, compreensão e desprendimento no quadro das relações humanas".

Com o fim de proporcionar um contexto para suas reflexões, perguntamos-lhe: "O que é um cientista?". Ele respondeu, pensativo: "O que faz um cientista é a disposição de pesquisar para compreender ou explicar". No caso, a compreensão que estávamos buscando tinha algo a ver com a natureza e a fonte da grandeza. Maturana nos ajudou a refletir sobre as pessoas com quem conversávamos para nossa pesquisa e aquilo que as fazia agir de modo a serem chamadas de grandes. Para ele, tudo se cifrava no amor: "O amor é um traço fundamental de nossa biologia. A pessoa 'além da grandeza' é aquela que deixa as outras existirem também – que se mostra capaz de ouvir, ver e permitir que as outras existam, mas de maneira tal que seus atos não constituam uma exigência, para ela, de negar sua história ou o fluxo natural de sua vida".

Deu um exemplo: "Há uma freira que recolhe crianças. É apoiada pela igreja a que pertence. Oferece às crianças o ensejo de serem elas mesmas e não lhes pede nada, mas propicia-lhes uma cultura em que sua própria história seja preservada e possam transformar-se em adultos que se respeitam. Não faz isso para que o orfanato prospere nem para doutrinar ninguém. Agora não me ocorre o nome dessa freira, mas lembro-me de que, indagada sobre se tentava converter as crianças ao catolicismo romano, respondeu: 'Não, elas têm suas próprias histórias e crenças. Eu só lhes dou amor'".

Para Maturana, o amor – o amor verdadeiro – tem muito em comum com o próprio ato de ver o outro como um ser legítimo: "Para ver, você precisa permitir que o outro seja o que é, e não fazer dele o alvo de suas expectativas ou propósitos. Pois, se esperar dele alguma coisa e nada acontecer, ficará desapontado. Então, não verá o outro. Só verá suas expectativas irrealizadas. Quando vejo com a atitude de 'seja o que Deus quiser', sem esperar nem desejar, amor e visão se tornam a mesma coisa. Você não vê realmente se não ama. Amar é deixar que as coisas aconteçam".

UMA MULHER DE DEUS

Obviamente, nosso amor e respeito por Dadi Janki foram a gênese do projeto deste livro. Dadi Janki é diretora da Brahma Kumaris World Spiritual University, organização não governamental internacional com sede em Monte Abu, Rajastão, na Índia. Movimento espiritual e comunidade pedagógica, a Brahma Kumaris enfatiza o ensino de princípios universais transmitidos por Deus à humanidade com vistas à renovação da alma do indivíduo e do mundo.

Embora Dadi Janki ostente o título de diretora administrativa de uma organização com quase 1 milhão de membros em 120 países, seu enfoque básico é comunicar a sabedoria espiritual ao mundo. Em certa época, ela passou catorze anos numa pequena comunidade mística usando a própria vida como laboratório para explorar conceitos espirituais. Ao fim desse tempo, Dadi e as outras pessoas com as quais vivia retornaram do retiro e devotaram-se à tarefa de aplicar esses conceitos à esfera secular. Dadi Janki fala constantemente sobre a base de conhecimento do Raja Ioga (prática espiritual em que se reivindica o primado do eu por meio da reminiscência, assunto que discutiremos com mais rigor no capítulo 10) e faz palestras para enormes audiências sobre temas espirituais. Recusa-se a ser guru, mas é amiga espiritual de muitas pessoas em todo o mundo.

É uma mulher de Deus desde a infância. O relacionamento com Deus é o mais importante em sua vida. Fala de Deus como se Ele estivesse na sala contígua. Deus é seu pai, sua mãe, seu mestre, seu guia, seu companheiro. Embora tenha sido homenageada e honrada em muitos lugares ao longo dos anos e se dirija a centenas ou milhares de pessoas por vez, aproveita essas ocasiões para ajudar os outros a entender o que ela considera como verdades espirituais da vida e a importância dos pensamentos e dos atos que praticam no mundo. Não credita nada ao seu intelecto notável, mas assegura estar apenas compartilhando aquilo que aprendeu com Deus.

Como Maturana, Dadi Janki vê no amor a base da grandeza: "O verdadeiro amor não engana nem se permite ser enganado. Onde há egoísmo não há amor. Precisamos compreender bem o que é o amor verdadeiro. A experiência do amor de Deus remove todas as tristezas. Hoje, o amor humano costuma ser associado ao apego. Alguém dá um pouco de amor e o outro se entusiasma. Eu não quero um amor que só me deixe feliz de vez em quando. O verdadeiro amor proporciona paz e felicidade, fazendo o coração se sentir sempre pleno. Perguntemos, pois, ao nosso coração: 'Estou mesmo vivenciando o amor verdadeiro e honesto? Trago dentro de mim esse tipo de afeto?'. Havendo amor verdadeiro, não haverá más ações, porque o intelecto cheio de amor guia a alma rumo à verdade".

Humberto Maturana e Dadi Janki, Chile, 2002.

Humberto Maturana, Dadi Janki e a irmã Jayanti Kirpalani.

Capítulo Três

UM HOMEM DA CIÊNCIA E UMA MULHER DE DEUS

O que Humberto Maturana e Dadi Janki compartilham é o interesse pela explicação daquilo que é o mais fundamental na vida e o respeito pela experiência e questionamento alheios. Ambos acreditam na importância das escolhas que levam a agir de certa maneira. E ambos trabalham a partir de uma compreensão básica de que os sentimentos de amor-próprio e aos outros são o terreno de onde brota uma ação afirmativa da vida. Compartilham também a crença de que os seres humanos são intrinsecamente amorosos. Para eles, isso está em nossa natureza.

Há, porém, muita coisa em que diferem. Embora ambos expliquem a vida, o cientista, Maturana, "tenta explicar 'os atos' que ele vê no processo de viver a vida". Como pessoa espiritual, Dadi Janki procura explicar a qualidade do caráter das pessoas que atuam no mundo. Maturana acredita que a base do caráter principia no amor e no desvelo – ou na falta deles – pelo ambiente no qual o ser se desenvolve, não raro o lar e o relacionamento da criança com os pais. Dadi Janki acredita que o fundamento do caráter reside, de modo inerente, na alma, que as qualidades e virtudes manifestadas nos pensamentos, sentimentos, relacionamentos e ações que praticamos criam o ambiente no qual vivemos.

Humberto Maturana e Dadi Janki diferem também no tocante à questão de como encontrar a possibilidade de transformação ou aperfeiçoamento dos seres humanos. Maturana diz: "Este biólogo em particular acredita que isso esteja apenas na coexistência com outros seres humanos". Já Dadi Janki crê que a única esperança de uma real transformação do ser humano está no relacionamento, na nossa coexistência com Deus. Ao pedir-lhes para refletir conosco sobre algo que está além da grandeza, esperávamos que nos ajudassem a chegar à verdade básica sobre o que distingue os chamados grandes dos demais.

EXPANSÃO DA BUSCA DA GRANDEZA

Quando nos debruçamos sobre as histórias daqueles que se supunham grandes e entrevistamos as pessoas sobre suas experiências com a grandeza, concentramo-nos em relatos específicos, histórias de momentos de notável coragem, generosidade ou compaixão. O que logo compreendemos é que a qualidade de grandeza não era uma característica exclusiva de quem é reconhecido publicamente por esse dom.

Abdul Kalam, então presidente da Índia, enfatizou gentilmente esse ponto em nossa primeira entrevista. Disse ele: "A questão está em saber quem você é. Se você me perguntar, afirmo que todos aqui são únicos. Nem todos são uma grande personalidade como os grandes. Cada ser humano escreve uma pequena página na história; cada ser humano – grande ou pequeno – escreve uma pequena página. Essa é a verdadeira história humana. A verdadeira história humana não são apenas os quinze, vinte ou trinta líderes que estamos procurando. A totalidade da história humana é um registro de cada pessoa que nasce neste universo, neste planeta. A ideia é essa, não é? Porque acho que a história humana não pode ser vista como uma história de grandes seres humanos – a história de umas poucas pessoas".

Ele admitiu que, embora cada um seja único, alguns têm um impacto maior no mundo. Com o seu amigo Arun Tiwari escreveu um livro sobre as "almas-guias" (*Guiding*

Souls: Dialogues on the Purpose of Life, Ocean Books, 2005). Diz: "Assim, em nosso livro ambos perguntamos: 'Quem são as almas-guias?'. Em nossa busca encontramos todo um espectro de pessoas que são almas-guias. Um pequeno consultor pode tornar-se uma alma-guia".

Finalmente, expandimos a pesquisa para além daqueles que nos foram recomendados e passamos a incluir os atores invisíveis da vida cotidiana, que se envolvem em situações grandiosas. Abordamos cada história como se estivéssemos olhando por um microscópio uma placa de Petri, examinando minuciosamente em busca de pistas relacionadas com a grandeza humana.

Nessas belas histórias, começamos a delinear os contornos de um padrão emergente. Havia três elementos: (1) ver com amor; (2) atuar com o coração; e (3) o mistério do destino – o lugar certo no momento certo. Cada história parecia começar com o "ator-herói" enxergando o outro com amor. Para Maturana, isso é ver o outro como um "outro legítimo". Dadi Janki define como um senso de pertencimento, como alguém que poderia ser considerado irmão ou irmã. As ações praticadas por eles decorreram dessa visão amorosa. Algumas vezes, agiram em um instante. Outras, pesaram cuidadosamente suas ações, mas sempre agiram movidos pelo coração, e não pelo cérebro. Quando alguma coisa procede do coração, é como se uma capacidade misteriosa e ilimitada se tornasse disponível para o ator, e todas as questões da mente – do tipo quem, o quê e como – desaparecem. O que descobrimos foi que, quando esses dois aspectos – ver com amor e atuar com o coração – se alinhavam com o momento certo, era como se uma porta invisível se abrisse e os atores-heróis passassem rapidamente através dela, ingressando numa espécie de corrente sutil do destino na qual acontecem coisas que eles jamais poderiam ter planejado. Cada momento parecia cooperar para a ocorrência desses milagres. Esse padrão se repetiu sucessivamente em cada história sobre a grandeza humana.

Capítulo Quatro

MOMENTOS DE GRANDEZA

ma história que chamou a atenção do público foi a do homem que, em 2007, ficou conhecido como o "Herói do Metrô", em Nova York. Eis o relato, feito por Cara Buckley, do *New York Times*, a 3 de janeiro de 2007:

Quem já viajou pelos quase mil quilômetros das linhas do metrô de Nova York e nunca se perguntou:

"E se eu caísse nos trilhos e um trem se aproximasse? Que faria?"

E quem já não pensou: "Se alguém caísse

nos trilhos, eu pularia da plataforma para salvá-lo?".

Wesley Autrey, de 50 anos, operário da construção civil e veterano da Marinha, fez-se essas duas perguntas numa fração de segundo e respondeu com a mesma rapidez.

O senhor Autrey esperava o trem para o centro na esquina da rua 137 com a Broadway, em Manhattan, por volta de 12h45. Ia levar as filhas, Syshe (4 anos) e Shuqui (6), para casa antes do trabalho.

De repente, ali perto, um homem caiu no chão, acometido de convulsões. Ele e duas mulheres correram para ajudar. O homem, chamado Cameron Hollopeter, de 20 anos, conseguiu levantar-se, mas cambaleou à beira da plataforma e caiu na linha, entre os dois trilhos.

As luzes do trem número 1 se aproximavam. "Eu tinha de tomar uma decisão rápida", explicou o senhor Autrey.

E foi o que fez: saltou.

Caiu em cima do senhor Hollopeter, com o coração aos pulos, pressionando-o para baixo num espaço de uns trinta centímetros de profundidade. Os freios da locomotiva chiaram, mas ela não conseguiu parar a tempo.

Antes de conseguir frear, cinco vagões passaram por cima dos dois – a alguns centímetros da cabeça do senhor Autrey, manchando de graxa seu boné de sarja azul. Ele ouviu os gritos dos espectadores. "Estamos bem aqui embaixo", bradou, "mas deixei minhas duas filhas aí. Digam-lhes que o pai delas está bem." Seguiram-se exclamações de admiração e aplausos.

Após cortarem a energia, os funcionários levaram todos para fora. O senhor Hollopeter, aluno da Academia de Cinema de Nova York, foi encaminhado ao Centro Hospitalar Roosevelt de St. Luke. Sofrera apenas algumas escoriações, assegurou seu avô, Jeff Friedman. Para a polícia, ele tivera um ataque epiléptico.

O senhor Autrey recusou ajuda médica porque, segundo garantiu, estava tudo bem com ele. Visitou o senhor Hollopeter no hospital antes de ir para seu turno da noite. "Não acho que fiz nada de espetacular. Apenas percebi que alguém precisava de ajuda", disse. "Agi da maneira que me pareceu certa."

Wesley Autrey tomou sua decisão num piscar de olhos. Notou que Cameron Hollopeter estava em perigo e saltou para os trilhos na frente de um trem que se aproximava.

O que quer que tenha visto naquele instante evocou nele uma resposta imediata. Maturana e Dadi Janki diriam sem dúvida que foi amor. Autrey agiu movido por essa visão de amor e num átimo juntou-se às fileiras dos heróis que aí estão como prova inequívoca da bondade fundamental existente no coração das pessoas comuns.

Para muitos, o caso de Wesley Autrey traz à mente atos similares de coragem em outra manhã de janeiro, 25 anos antes – por ocasião do acidente com um avião da Air Florida, que caiu no congelado rio Potomac, em Washington. Maturana lembrou-se disso durante nossas conversas no Chile: "Houve em Washington, há muito tempo, uma gigantesca tempestade de inverno. Um avião levantou voo, mas acumulara tanta neve nas asas que caiu no rio. Ficou preso a uma ponte e as pessoas começaram a se afogar. Um homem, de pé numa das asas, ajudava os passageiros a sair. Alguns espectadores disseram: 'Agora é a sua vez', mas ele replicou: 'Não, ainda há gente aqui que precisa de ajuda'. E, então, desapareceu. Quando o helicóptero chegou, ele não estava mais lá. Que se poderia dizer de um homem assim? Que foi grande; mas não temos ideia do que se passava em sua mente".

Sim, muita gente especulou sobre o que estaria pensando aquele homem naquele dia, mas, infelizmente, nunca o saberemos ao certo. Só sabemos que ele demonstrou grandeza de espírito sacrificando-se para salvar seus semelhantes.

Publicaram-se artigos sobre esse acidente histórico quando estávamos trabalhando no manuscrito para o presente livro. O seguinte comentário sobre o vigésimo quinto aniversário do famoso acontecimento foi publicado no *Washington Post*:

> Aquele dia – 13 de janeiro de 1982 – foi trágico para Washington. Enquanto uma furiosa tempestade de neve assolava a região, o avião 90 da Air Florida chocou-se contra a ponte da rua 14 pouco depois de arremeter e mergulhou no rio, matando 74 passageiros e quatro transeuntes.
>
> Em meio ao caos e ao desespero, vários atos de bravura se destacaram: o de um piloto de helicóptero que retirou sobreviventes das águas geladas; o de um médico que amparou uma vítima fraca demais para ajudar-se; o de dois espectadores que não puderam suportar ficar olhando sem fazer nada. Um dos passageiros feridos, mais tarde identificado como Arland Williams Jr., de Atlanta, afogou-se depois de passar a corda salva-vidas várias vezes para outros.

O *Post* rememorou as histórias de alguns outros heróis que entraram em ação naquele dia, dando-nos assim uma ideia do que se passava com eles:

Roger Olian recorda o que fez e sorri. Chefe de uma equipe de laminadores no Hospital de St. Elizabeth, foi o primeiro a tentar alcançar os poucos sobreviventes que procuravam escalar um pedaço da cauda do avião em águas a 29 graus abaixo de zero. Enquanto outras pessoas, na margem, seguravam a ponta de uma corda improvisada com cabos de bateria, lenços e meias-calças, Olian agarrou a outra ponta e avançou em direção ao ponto de onde partiam os gritos. As equipes de resgate ainda não haviam chegado.

"Fui idiota", alega Olian, de Arlington, hoje com 60 anos. "Estava com os bolsos cheios de chaves. Uns dois quilos de chaves. Nem sequer pensei em me livrar delas."

Não pensou em nada antes de agir. Sabia apenas que não podia ficar parado na margem vendo gente se afogando ou morrendo congelada.

Lenny Skutnik, funcionário federal que voltava do trabalho para casa, nadou a fim de resgatar um estranho que afundava. As imagens de seus atos heroicos magnetizaram a imaginação pública.

"Ao chegarmos à margem, não havia por ali nenhum equipamento de resgate. Tudo em silêncio – aquele estranho silêncio de quando neva", lembrou-se. "E, em meio ao silêncio, a mulher gritava por socorro: 'Por favor, alguém pode ajudar?'"

Há certo senso de inevitabilidade nas experiências narradas por esses heróis. Não pareciam achar que agiram por escolha. Como disse Lenny Skutnik: *"Que mais eu poderia fazer?"*. Muitos deles agiram com tamanha presteza que não lhes sobrou tempo para pensar – mas, mesmo sem ter pensado em nada, conseguiram ajudar os outros.

Longe de almejar agradecimentos ou reconhecimento pelo que fizeram, os "heróis" muitas vezes se mostram felizes pela oportunidade de ser úteis. Wesley Autrey expressou isso com brilho quando, ao final da entrevista que deu à imprensa um dia após salvar heroicamente Cameron Hollopeter, lhe pediram para comentar o acontecimento: *"Haverá melhor maneira de começar um novo ano do que salvando uma vida?"*.

Essas histórias de grandeza – de Wesley Autrey e dos homens que entraram imediatamente em ação quando o avião da Air Florida bateu na ponte da rua 14 – revelam um tipo de prontidão íntima que parece provir do nada, surpreendendo até a eles próprios. Porém, há outros momentos de grandeza que foram trazidos à baila quando entrevistamos algumas das pessoas recomendadas a nós: atos mais ponderados, resultantes de uma decisão tomada após longa reflexão, mas com o mesmo caráter dos arroubos súbitos de grandeza.

A pessoa mais jovem que entrevistamos foi Hafsat Abiola. Tinha 30 anos quando a encontramos em Kent, na Inglaterra. Sua história está intimamente ligada à de seus pais e ao movimento pró-democracia na Nigéria. Em 1993, o pai de Abiola, Moshood Abiola, venceu a primeira eleição presidencial democrática do país em dez anos, mas em seguida o pleito foi anulado pela junta militar governante e Moshood acabou preso, morrendo na véspera de sua libertação, em 1998. A mãe de Abiola, Kudirat, que mobilizara grupos favoráveis à democracia durante o encarceramento do marido, foi assassinada numa rua de Lagos em 1996. A jovem nos contou sua história:

> No dia em que mamãe morreu, recebemos uma chamada telefônica de alguém informando que algo acontecera a ela. Mas nós a achávamos tão forte, tão além da vida, que nem cogitamos a possibilidade de morte. Instantes depois, outra chamada, dessa vez dizendo que mamãe fora alvejada diretamente na cabeça, em plena via pública – e morrera. Nós, os filhos, pusemo-nos de pé e nos demos as mãos. Naquele momento, decidi que faria alguma coisa em sua memória, algo que levaria adiante sua luta.

Mamãe deixou sete filhos. Eu tinha 20 anos e era a filha mais velha. Meu irmão mais velho tinha 21; o mais novo, 9. Ou seja, as coisas seriam muito difíceis para todos. Meu irmão e eu estávamos prestes a assumir o primeiro emprego, mas fiquei feliz por mamãe não ter esperado que o fizéssemos para viver a vida. Ela a viveu.

É com essa ideia em mente que uma mulher tem de viver a vida. Precisamos obter de nós mesmas, e não tanto da sociedade, permissão para aspirar ao sonho de trabalhar por mudanças na sociedade, e não apenas no seio da família. Sei que quanto a isso, entre outras coisas, posso homenagear minha mãe. Ela se preocupava muito em delinear os rumos da família, mas também os da sociedade como um todo. E eu queria que outras mulheres se inspirassem em seus atos. O problema era que, devido ao modo como morreu – alvejada numa via pública –, se não tivéssemos cuidado, uma vida a ser homenageada se tornaria uma lição do que não se deve fazer, devido à natureza brutal, violenta, do seu fim. Era, aliás, o que estava acontecendo em toda a Nigéria. As pessoas diziam: "Veja, pedimos a ela que não fizesse aquilo". Outras mulheres poderiam pensar: "Depois disso, vou ficar em meu cantinho sossegada, cuidando dos meus filhos". Assim, uma das coisas que fiz foi criar a Kind (Kudirat Initiative for Nigerian Democracy [Iniciativa Kudirat pela Democracia Nigeriana]), empenhada em promover a democracia e fortalecer a sociedade civil na África.

Hoje, estamos treinando 1.250 moças em cinco universidades da Nigéria e pretendemos continuar nos próximos cinco anos. Temos um manual de liderança que pretendemos disponibilizar de graça para outras organizações igualmente empenhadas em capacitar mulheres. Fazemos uma campanha para conquistar 30% dos cargos governamentais na próxima eleição. Possuímos um livro sobre mamãe intitulado *Kudirat: Steps in Time* [Kudirat: Passos no tempo]. Quando lutávamos pela democracia, tínhamos uma emissora, a Rádio Nigéria Livre; quando mamãe morreu, o movimento democrático rebatizou-a de Rádio Kudirat da Nigéria, dando seu nome à voz e às expressões de nossa liberdade. Assim, fizemos muita coisa, todas em memória dessa mulher. E estou tentando transformar aquilo que poderia ser uma lição negativa numa lição positiva. Todos nós morreremos. Mas, se você não se dedicar às questões maiores, não será lembrado dessa maneira. Kudirat morreu assim, mas nem todas as mulheres – ou homens – serão lembrados como ela.

O que sentimos ao ouvir Hafsat Abiola naquela sala em Kent não foi apenas o amor de uma filha por sua mãe notável, mas também o enorme desejo de que a vida corajosa dessa mãe não se tornasse invisível, não fosse considerada um equívoco: *"Pedimos-lhe que não fizesse aquilo"*. Ela acha que o mundo precisa desesperadamente da plena colaboração das mulheres para *"delinear os rumos da sociedade como um todo"* e criou a Kind a fim de apoiá-las na conquista de funções mais importantes. Outra filha poderia ter-se subtraído à visão do público ou fugido da Nigéria. Mas a resposta desafiadora de Abiola foi imortalizar a vida de Kudirat numa instituição dedicada, como uma parteira, a extrair as mulheres de seu tranquilo confinamento na vida doméstica e exibi-las ao olhar público da liderança nacional. Ela contemplou a vida da mãe com piedade e orgulho, tomando medidas para que outras pessoas testemunhassem essa existência extraordinária e a imitassem.

Abiola iniciou uma cruzada para levar o movimento das mulheres jovens ao palco da liderança nacional. Mas nenhum líder nasce nesse palco. Os primeiros atos de liderança ocorrem quando se tomam decisões na vida privada. É o que constatamos na história do prestigioso educador escocês Bart McGettrick. Pedimos-lhe para rememorar sua carreira e dizer-nos qual período ele chamaria de seu ponto alto. Ele observou que todos os períodos significativos envolviam pessoas. A grandeza de espírito implica pessoas e relacionamentos. Ele se lembrava, em especial, da ocasião em que ajudou uma jovem a abrir caminho em meio a dificuldades, rumo a uma decisão que lhe permitiria viver com dignidade:

> Penso que o ponto alto foi atingido quando ajudei dois ou três alunos envolvidos em conflitos pessoais e domésticos que estavam afetando visivelmente seu desempenho escolar. Abriguei-os para que descansassem e os vi florescer depois disso. Lembro-me, em especial, de uma jovem que enfrentava dificuldades em casa. Estava esperando um bebê. Era solteira. Na época, havia tremenda pressão da família para que se casasse e tivesse o filho no contexto tradicional. Ela achava que precisaria deixar a escola, da qual eu era diretor. Eu lhe disse: a) "Não se case"; b) "Não abandone o curso"; e c) "Faremos o possível para ajudá-la a criar seu filho".

Com o apoio de McGettrick, então diretor da escola, ela teve o tempo de que precisava. Um ano e meio depois se casou, podendo então retomar o curso na faculdade. Formou-se professora. McGettrick reviu-a mais de uma década depois, quando o filho tinha 12 ou 13 anos e estava prestes a ingressar na escola secundária.

Muitas pessoas que praticam atos de grandeza como esse não têm a sorte de ver os resultados. McGettrick gozou esse benefício adicional ao descobrir que a ajuda prestada à mãe e ao filho funcionara. Disse ele:

> Pareceu-me que conseguir dar a mão a alguém em circunstâncias tão difíceis, quando o sistema teria feito coisa bem diversa [...]. O principal, para mim, foi ter descoberto que o maior dos prazeres é fazer algo que o sistema jamais fará. No vasto panorama da vida, isso pode parecer uma simples ondulação na superfície da lagoa, mas, no fim, é o que importa.

Perguntamos-lhe se, a seu ver, aquele fora um gesto de amor. Uma vez mais, ele afirmou:

> Essas questões têm muito a ver com uma espécie de amor profissional, um cuidado que você deve prestar às pessoas. Não seria um termo muito forte a empregar. Sim, foi um ato de amor, de amor profissional por uma jovem. Em minha opinião, isso significa compreender que a dor do próximo e a nossa própria não

são diferentes. Recordar isso, sentir isso, é simplesmente ser uma criatura humana.

McGettrick brinca com as circunstâncias especiais dos que se acham em posição de autoridade:

> Os guardiões das regulamentações andavam ligeiramente desconfiados de que eu era o homem que as redigira e que se supunha fortalecê-las quando parecia ir contra elas. Acho que às vezes é preciso rever essas regulamentações e o impacto que elas têm sobre os jovens. Falei com pessoas que objetavam às decisões que eu tomara. Acho que o que elas querem saber é apenas isto: o que é uma boa decisão? O que é certo? E você tem de encarar esse aspecto. Isso requer efetivamente certa coragem pessoal. Significa correr o risco e tomar decisões sabendo das consequências. Certo, é preciso ter cuidado. O ato de apenas exibir regulamentações não representa coragem. Cumpre fazê-lo com uma alma muito lúcida. Não é coisa generalizável. Há uma distinção importante a ser feita entre coragem profissional e estupidez. O importante é o indivíduo fazer a coisa certa.

A história de Bart McGettrick segue o padrão familiar que vimos nas histórias do "heroísmo instantâneo" – ver o outro com amor, agir movido com o coração e estar no lugar certo no momento certo (a "parte do destino").

Pedimos a Humberto Maturana que comentasse a história de McGettrick. O que ele via ali que se poderia considerar grandioso? Maturana observou as ações particulares dos atores-heróis no fluxo das circunstâncias de sua vida, notando como suas ações abriram oportunidades para os outros levarem uma vida de dignidade e autorrespeito: "Eu diria que esse foi um ato de amor porque foi um ato de ver além. O que ele viu? Viu uma jovem. Viu a família. Viu o contexto do viver. Viu o que aconteceria com a moça nas configurações dos acontecimentos e fez o que se requeria. Levou todos os pormenores em consideração consciente e inconsciente e agiu de modo a dar à jovem autonomia suficiente para viver uma vida que lhe parecia desejável e digna de respeito. Ele disse: 'Não se case'. Em outras palavras, não ceda às exigências. Por fim, ela se casou, mas presumivelmente sem ceder às exigências alheias, só porque achava que o momento era apropriado. Nesse caso, o diretor deu-lhe a possibilidade; fez algo que só raramente se faz, e que é notável. Ele disse: 'Faremos o possível para ajudá-la a criar seu filho'. Eis uma coisa interessante, porque muito raramente se diz isso. Significa: eu e a comunidade acadêmica faremos tudo o que parecer oportuno e necessário para que essa criança cresça numa circunstância familiar legítima. Essa é a beleza da história – o fato de esse homem assumir uma responsabilidade, por ter visto a legitimidade de tudo o que estava diante dele. Esse é um ato de amor, um ato de enxergar o outro e agir de acordo com o que se enxerga – no domínio do respeito –, permitindo à jovem obter sua legitimidade sem precisar desculpar-se".

Pedimos então a opinião de Dadi Janki. Em geral, quando lhe pedíamos para refletir conosco sobre uma situação, ela ficava alguns momentos em silêncio para refletir num espaço de pensamentos puros e sentimentos elevados. E foi exatamente isso que ela observou na história de Bart McGettrick e dessa estudante – a importância de fazer uma pausa e voltar-se para si mesmo:

"Quando nos encontramos numa situação difícil, achamos que estamos coagidos a tomar uma decisão, devido à pressão do tempo e das pessoas envolvidas na questão. Mas, se tomarmos a decisão sob pressão, as coisas não darão certo. Nesse caso, aquele que agiu como conselheiro profissional da jovem revelou ter uma verdadeira percepção espiritual.

"Ele a aconselhou a voltar-se para si mesma, entrar em contato com seu íntimo e tentar descobrir seus verdadeiros sentimentos com respeito à situação. Devemos sempre estabelecer uma relação entre o ser interior e a situação exterior. Graças à sua experiência, o diretor pôde ajudá-la da maneira correta, levando tudo em consideração. Se tivesse negligenciado um único aspecto da situação, a coisa não teria funcionado. Foi bem-sucedido porque nenhuma peça foi deixada de fora. Graças à sua experiência e posição, logrou serenar a atmosfera em torno da situação, ajudá-la a remover seu sentimento de pânico e considerar calmamente as consequências.

"Quando a atmosfera que envolvia seus pensamentos serenou, ela conseguiu atravessá-los em sua mente. A mente cria embaraços e dúvidas, mas, quando a atravessamos e penetramos no eu, descobrimos que o caminho é muito claro e encontramos a verdade. Pode ser que essa tenha sido uma boa lição de vida para ela – como ouvir seu verdadeiro ser e ao mesmo tempo mostrar-se respeitosa com o bebê e a família. Se operar nesse nível interior no futuro, ela perceberá que tem maior poder de discernimento e não se sentirá culpada por suas decisões. Assim, o tranquilo heroísmo desse diretor pode ter-lhe mostrado algo que mudou sua vida para além do momento particular de escolha".

Esses tipos de ação praticados por Bart McGettrick, Hafsat Abiola, Wesley Autrey e os heróis da colisão da Air Florida acontecem continuamente em faculdades, salas de estar e estações de metrô em todo o mundo, alguns visíveis, a maioria invisível. Atos poéticos como esses mudam o curso da vida do mundo, o fluxo da história. Esses casos descrevem momentos em que determinadas pessoas notáveis passaram a compartilhar um espaço no tempo com outras que dele necessitavam. Em vez de ter o outro como um estranho, elas o veem com amor, sentindo-se tocadas por uma sensação de que *de certo modo isso me pertence.* Esse senso de pertencimento despertou algo em seu coração e elas passaram naturalmente à ação, não raro sem nenhuma vacilação. Agiram não a partir do cérebro, mas do coração, mudando sua vida e a de outros com tais atos.

Ao meditar sobre essas histórias, é possível desfazer o mistério do encontro casual ou do sentimento de amor que se apodera do ator-herói. Ele simplesmente sente que estava no lugar certo no momento certo: o momento apareceu, ele teve a oportunidade de estar a serviço do outro e a aproveitou. No fundo do coração, acredita que fez apenas o que qualquer um teria feito. Longe de se felicitar, parece ficar um pouco desconcertado pela atenção que recebe e desculpar-se pelo que aconteceu.

Alguns homens e mulheres levam uma vida que constitui um fluxo quase contínuo de atos poéticos como esses. Podemos afirmar que essas pessoas não só fizeram uma grande coisa, mas viveram uma grande vida – elas próprias foram grandiosas. Não é tanto a qualidade da ação que distingue momentos de grandeza de vidas grandiosas. Existem semelhanças notáveis entre aqueles que tiveram um momento singular de "grandeza" e os que levaram uma vida caracterizada como grande. Para os que levam uma vida grandiosa, há uma continuidade que decorre de um fluxo de ações benevolentes durante a vida.

Capítulo Cinco

VIDAS GRANDIOSAS

Quando iniciamos nossa pesquisa, encontramos pleno consenso quanto à grandeza de algumas pessoas altamente prezadas, como Martin Luther King Jr., Mahatma Gandhi e Madre Teresa. Obviamente, já não podemos sentar com esses grandes vultos e perguntar-lhes de que modo encaravam sua situação, o que os fez agir daquela maneira e como se sentiam em relação ao destino. O empenho de King em ajudar a moldar um mundo novo é evidente ao longo de sua autobiografia (publicada postumamente em 1998 e escrita a quatro mãos com Clayborne Carson). Para dar apenas um exemplo, King frequentou o

Colégio Booker T. Washington em Atlanta, na Geórgia (a primeira escola pública para negros, batizada com o nome de outra grande figura histórica), localizada numa área distante de onde morava. Como a segregação ainda existia, os negros tinham de ficar na parte de trás do ônibus – mesmo que todos os assentos da frente estivessem desocupados. King escreveu: "[...] aquele espaço era só para os brancos, de modo que os negros ficavam de pé junto a assentos vazios. Eu tinha de ir para o fundo do ônibus com meu corpo, mas, sempre que o fazia, deixava meu espírito no banco da frente. E dizia para mim mesmo: 'Um dia desses vou colocar meu corpo lá onde está o meu espírito'".

No entanto, anos depois – quando o movimento pelos direitos civis da década de 1960 ganhara um ímpeto e amplitude que ninguém nos Estados Unidos teria previsto –, King começou a falar não sobre sua determinação na juventude, mas sobre algo grandioso que o conduzira ao longo da vida. Escreveu: "Lembro-me de momentos de despertar [...] momentos em que era arrancado de mim mesmo por algo maior que eu. A esse algo me entreguei". Embora aceitasse sua responsabilidade naquele momento histórico, revelou notável humildade, dizendo: "Saibam os senhores que, se M. L. King nunca houvesse nascido, ainda assim este movimento iria adiante. Foi mero acaso eu estar aqui. Os senhores não ignoram que chega um tempo em que o próprio tempo se prepara para a mudança. Esse tempo chegou em Montgomery, e não tive nada a ver com ele".

A observação de King de que o próprio tempo estava pronto para a mudança, e ele nada tivera a ver com o caso, dá-nos um vislumbre do mistério que está por trás dos atos e vidas grandiosas. Vemos expressões similares de humildade repetidas em numerosas histórias. Dadi Janki nos ajudou a descobrir o significado da humildade na verdadeira grandeza: "Toda pessoa tem um papel a desempenhar no mundo, motivo pelo qual nunca devemos obrigar ninguém a fazer nada. A alma em contato com o lado mais profundo de si mesma saberá muito bem o que deve fazer. Poderá achar que está ouvindo o chamado do tempo, o chamado da humanidade, o chamado de Deus. Quando aceita com dignidade que esse é o papel a ela destinado, então age com grande humildade. E, como responde ao chamado com uma intenção pura, atrai outras almas para a tarefa que está cumprindo".

Uma das maiores histórias de grandeza no século XX foi encenada por dois grandes líderes que também ouviram o chamado do tempo – um com o poder político, o outro com o poder pessoal. A saga de F. W. de Klerk e de Nelson Mandela é uma história de perdão e coragem.

Federico Mayor, ex-diretor-geral da Unesco, sentou-se na primeira fila para assistir a vários dramas no palco do mundo de 1987 a 1999. Quando se encontrou conosco, contou-nos muita coisa sobre as conversas que teve com Nelson Mandela e F. W. de Klerk em 1992:

Existe algo misterioso nos seres humanos: a capacidade de inventar e realizar o que, na verdade, vai contra o realismo, o pragmatismo. Exemplo disso é o que aconteceu na África do Sul. Visitei o país inúmeras vezes quando ainda existia o *apartheid*. Como vocês sabem, as pessoas negras eram excluídas unicamente por causa da cor da pele. Na verdade, elas é que deviam mandar em sua terra. Um homem chamado Nelson Mandela estava na prisão. Fui vê-lo lá porque uma das missões da Unesco é apoiar os movimentos de libertação que contam com o beneplácito das Nações Unidas. Nelson Mandela estava preso havia 27 anos. Normalmente, o que acontece a um prisioneiro em tais condições? Ele diz, com um sentimento de ódio e vingança: "No dia em que eu sair, se é que sairei, vocês verão o que vou fazer". Mandela, porém, pensava exatamente o contrário: "Quando sair daqui, quero abraçá-los e dizer-lhes que, embora tenha ficado prisioneiro durante 27 anos, amo a todos, pretos ou brancos". Nesse caso, alguém mais estava desempenhando um papel decisivo na história da África do Sul. Sim: precisamos dos outros, não podemos fazer nada sozinhos. Mandela encontrou

Frederik de Klerk. De Klerk era "o homem". Dei-lhes o Prêmio da Paz da Unesco em 1992 ou 1993. Como preparação para a entrega dessa honraria, fui conversar com os dois. Nelson eu já conhecia, mas, quando me vi a sós com Frederik de Klerk, confidenciei-lhe: "Senhor presidente, deve saber que, se continuar amigo de Nelson Mandela, dentro de seis meses talvez não esteja mais no cargo. Perderá o poder". Ele me olhou e respondeu: "Ora, senhor Mayor, então poderei dormir sossegado, pois se trata de um problema de consciência". Tal era Frederik de Klerk.

Quase todas as pessoas vivas no final do século XX sentiram o toque da grandeza desses homens nesse momento histórico. De vários modos, o papel de Frederik de Klerk foi relativamente modesto em comparação com os holofotes que incidiram sobre Nelson Mandela quando ele se tornou o primeiro presidente negro da África do Sul, no mais novo experimento democrático do mundo. Mas a amizade entre ambos naquele lugar e naquela ocasião especial, além da coragem do presidente ao abolir o *apartheid*, produziu um milagre na história mundial.

De novo nos voltamos para Maturana a fim de refletir sobre o papel da grandeza nesse momento extraordinário do século XX:

"O caso prova que uma coisa só adquire significado e importância no fluxo dos acontecimentos. Pois, se o senhor De Klerk houvesse pensado de maneira diferente quando ocorriam os fatos que criaram a possibilidade da mudança, ele não permitiria que tal mudança acontecesse. Então, todos nós teríamos dito: 'Perdeu a oportunidade. Não é homem de visão'. Mas, como sabemos, ele não perdeu a oportunidade. Foi homem de visão. Isso nos mostra que tipo de pessoa era o senhor De Klerk.

"O significado não está na ação [isolada]. Está na história do fluxo dos acontecimentos. O significado é relacional, e não uma propriedade ou um aspecto das coisas. O significado de uma [ação] está no fluxo das relações [...], na coordenação do fazer em que [a ação] toma parte. Foi, portanto, sorte que aquele homem branco estivesse lá.

"Acredito que certas pessoas realmente têm importância, pois são elas – homens e mulheres – que fazem a história, o fluxo dos acontecimentos. Diz-se às vezes que existem ideias na história – que elas estão 'no ar' e, de algum modo, as apanhamos. Não penso assim. Acho que quem faz as coisas acontecer é o ser humano. Só ele importa. Assim, nessa sequência de transformações a que chamamos história, nada existe antes que aconteça. Cada coisa surge no instante em que o ser humano a faz surgir. Não é o desenvolvimento de algo já contido. É um surgir, um acontecer de algo que emerge naquele exato momento – vindo de onde não estava. Temos aí atos poéticos que ocorrem continuamente – alguns mais visíveis, outros mais espetaculares e outros, ainda, negativos. Tudo depende do modo como vivemos".

Outro herói do século XX, menos conhecido, é o padre Pierre Ceyrac, um jesuíta que na juventude fez a opção de servir aos pobres. Quando o conhecemos, com 93 anos, já passara mais de setenta a serviço dos órfãos e crianças de rua na Índia. Entrevistamos o padre Ceyrac em Paris, na Quarta-Feira de Cinzas. Ao sentar-se, tirou o relógio e colocou-o na mesa diante de todos nós, explicando que às 5 da tarde iniciaria uma semana de silêncio, coisa que fazia todos os anos a começar daquela data. Precisaríamos terminar por volta das 4h50. Ligamos o gravador e perguntamos-lhe sobre sua vida e trabalho:

Sim, meu primeiro cuidado é com as crianças. Temos muitas. Em certa época, chegamos a 31 mil. Era demais para nós, e tivemos de reduzir drasticamente o número para 10 mil. Entre 5 mil e 10 mil. Não procuramos fazer nada. Apenas as amamos e admiramos. Quando se sentam para comer, colocamos uma folha de bananeira com alimento diante delas. Descobrimos que nenhuma toca sua refeição antes de a última ser servida – o que pode levar até um quarto de hora. Elas se sentam assim [cruza os braços diante do peito, mostrando como as crianças esperam as outras serem servidas]. O cheiro é bom – arroz com carril. Delicioso quando se está com fome. Assim são as crianças. Depois, elas abençoam a comida – aprendemos isso com Gandhi. Toda vez que comemos, abençoamos a comida com as crianças. É assim que amamos. Elas precisam ser amadas, eis tudo. E necessitam de educação. Todas as nossas crianças são instruídas.

Há cerca de uma hora recebi um telefonema de uma jovem chamada Shivane. Tem hoje 21 anos e está no terceiro ano de uma das melhores faculdades de engenharia. Estamos muito contentes. Educação, sim; mas com uma grande dose de amor. Elas nunca foram amadas antes, as nossas crianças. São órfãs – sem pai nem mãe – ou vivem na rua. Nós aprendemos com elas.

Não usamos a palavra "organização". Trata-se de um movimento de crianças. Gostaríamos que todas elas, na Índia, estudassem, amassem umas às outras, crescessem, evoluíssem. A isso chamamos movimento de crianças. Se pudéssemos cuidar de 50 mil, 100 mil por dia, ficaríamos imensamente felizes. Temos problemas, é claro; todos têm.

O padre Ceyrac é um gigante – mesmo entre gigantes. Trabalhou com Madre Teresa. Conheceu Gandhi. Mas isso você não ficará sabendo ao conversar com ele. É modesto e chora com facilidade. Tudo o que fez, assegura-nos, foi convencer os pobres, os abandonados e os doentes de que alguém se preocupa com eles. Em suas palavras, "mais do que lhes dar alguma coisa, o importante é fazê-los sentir-se amados e amparados".

O governo francês sagrou-o cavaleiro da Legião de Honra por ter consagrado sua vida à causa dos pobres e deserdados. Segundo Claude Blanchemaison, embaixador francês na Índia, a decisão de homenageá-lo foi tomada por iniciativa do presidente da França à época, Jacques Chirac.

Às 4h45, o padre pegou o relógio da mesa, agradeceu-nos e lembrou que já estava quase na hora de iniciar seu período de silêncio. "Devemos trabalhar juntos", disse ele, "pela dimensão espiritual do mundo. Do contrário, rumaremos para a catástrofe." Levantou-se devagar da cadeira e, apoiado numa bengala, dirigiu-se para a porta. Depois de abri-la, virou-se para nós e pediu: "Não usem meu nome. Não sou um grande homem. As outras pessoas de quem falamos – Gandhi e Madre Teresa –, essas sim, são grandes". E desceu para a rua, para o silêncio.

Essas histórias de grandeza – tanto dos que tiveram vida notável quanto dos que deram um passo adiante em momentos dramáticos – são de gente que possui o mesmo DNA: veem com visão amorosa, agem com o coração e cruzam o caminho do destino de modo heroico. Estão sempre no lugar certo na hora certa.

Descobrimos outro elemento que é, por assim dizer, a marca registrada dos grandes homens: os sinais de humildade que, segundo Dadi Janki, indicam a verdadeira grandeza. Na história do avião da Air Florida, o piloto de helicóptero que tirou quatro pessoas do rio, Don Usher, insistia: "Não fui eu, foi o helicóptero". Wesley Autrey atribuiu seu feito heroico ao "lugar certo na hora certa". Quando Martin Luther King Jr. refletiu sobre o movimento pelos direitos civis em Montgomery, descartou a ideia de que liderara esse movimento – ou mesmo de que lhe imprimira um impulso decisivo: "Foi mero acaso eu estar aqui. Vocês não ignoram que chega um tempo em que o próprio tempo se prepara para a mudança". No caso do padre Ceyrac, seu comentário final, feito depois que desligamos o gravador, foi a mesma mensagem humilde: "Não sou um grande homem [...] eles sim, são grandes".

As expressões de humildade eram tão comuns nas histórias grandiosas que começamos a pensar na possibilidade de esses homens e mulheres realmente não se considerarem criadores de ações magnânimas. O que ouvimos desses heróis foi talvez a expressão de sua experiência como instrumento de algo maior, além deles, e não como autora de seus atos.

Capítulo Seis

A CONSCIÊNCIA DE SER UM INSTRUMENTO

Para entender o que significa ser instrumento de uma força superior, recorremos a Dadi Janki:

"Deus age por meio dos outros para realizar coisas no mundo. E os que cumprem as ações são denominados instrumentos. No momento da ação, o ator-herói não tem consciência de ser um instrumento, mas sente-se inspirado e depois compelido a agir de certa maneira. Só depois, quando lhe perguntam sobre suas ações heroicas, é que esses heróis se tornam cônscios de certo desprendimento em relação ao senso do 'eu' que praticou tais ações. Com a sensação de ser um instrumento, você adquire automaticamente o estágio da humildade.

Por quê? Porque sua experiência é a de que o ato está sendo praticado por algo maior do que você.

Você não sente que esse 'eu', essa personalidade particular, fez alguma coisa. Esse sentimento do 'eu' é, na verdade, um obstáculo à grandeza. Ao perceber que é um instrumento de Deus ou de uma fonte superior, você se regozija – quase se inebria – no momento e goza de uma sensação de liberdade. Chamo a esse sentimento 'libertação em vida'. É como se estivéssemos agindo para além das limitações do corpo.

A consciência de ser um instrumento é fenômeno do mundo físico – o mundo dos acidentes de metrô e das sociedades flageladas pelo *apartheid*. Mas está ligada ao divino, à inspiração. A pessoa que está para tornar-se ator-herói, no momento de ver, é transformada. A percepção é estimulada, elevada e transformada. Como diz Dadi Janki: "Eles veem com amor e recebem orientação clara e sutil sobre o que devem fazer. Sentem-se compelidos e agem.

Para alguns, trata-se de um momento isolado em sua vida. Para outros, é o começo de uma vida composta por tais momentos – cada um dos quais absolutamente único. Dadi continua: "É como se no íntimo tivessem capitulado serenamente diante dessa força superior que está atuando sobre eles e a cada passo se deixassem guiar por ela. Eis por que devemos viver continuamente com uma abertura para esses estímulos e sinais vindos de uma fonte superior".

A explicação de Dadi quanto ao que significa ser um instrumento confirmou a ideia instintiva que tínhamos sobre a grandeza desses servidores do mundo. A humildade foi a chave que desvendou a explicação de sua grandeza. Eles não afirmam haver feito algo grande, porque, honestamente, não sentiram que eram responsáveis pelas ações que praticaram. Quando indagados – ou mesmo quando enaltecidos –, eles as creditam instantaneamente a outrem ou a outra coisa, ao helicóptero, aos verdadeiramente grandes ou ao próprio destino.

De certo modo, num instante o caminho de sua vida foi atravessado pelo de alguém que necessitasse de ajuda. Quando olharam para o outro – num rio gelado, numa plataforma de metrô ou nas ruas da Índia –, sentiram amor por esse outro e agiram movidos por esse amor sem pensar em mais nada. Não pensaram na água gelada, nos dois quilos de chaves que traziam no bolso ou no risco que corriam. Simplesmente seguiram adiante e participaram de um milagre. Depois, no outro lado da experiência, sentiram uma felicidade ou bem-aventurança extrema. Negaram ter feito alguma coisa e se sentiram gratos por essa dádiva do destino que lhes permitiu servir do modo como serviram.

Munidos da explicação de Dadi sobre o que significa ser um instrumento, resolvemos explorar mais cuidadosamente cada um dos passos do padrão interior de grandeza, começando com o ato de ver com amor.

Quando examinamos mais de perto a experiência da grandeza tal como ela se revelou em cada uma das histórias desses atores-heróis, notamos a repetição daquele padrão sutil que mencionamos mais atrás – a dupla espiral que consiste em ver com amor e agir com o coração, a qual, quando ocorre no lugar certo e no momento certo, produz esses milagres grandiosos.

O momento de ver com amor, de ver com visão compassiva, não tem praticamente nada em comum com o pensamento. Na realidade, com o tempo ficou claro para nós que o pensamento é um obstáculo a esse tipo de visão. O ator que vivencia a situação parece ver por um instante com o coração. Nesse instante de visão ocorre uma transformação repentina.

Capítulo Sete

O ATO DE VER COMO UMA AÇÃO TRANSFORMADORA

avia muita gente na plataforma do metrô naquele dia de janeiro em Nova York, mas foi Wesley Autrey quem viu a possibilidade de uma ação salvadora. Havia outros professores e administradores na faculdade quando Bart McGettrick era diretor, mas foi ele quem previu o caminho a ser seguido pela jovem grávida e que lhe proporcionou um senso de dignidade. Houve milhões de testemunhas do *apartheid*, mas foram Nelson Mandela e Frederik W. de Klerk que viram a possibilidade de cura e perdão entre as raças. Humberto Maturana considera interligados os atos de ver e amar:

"Do ponto de vista da biologia, no momento de ver [verdadeiramente] você deixa de interpor prejuízos, exigências e teorias entre você e o que aparece. Em seguida vê o que acontece e age de acordo com o que vê. Quando age de acordo com o que vê, você é responsável. Não pode fugir (à responsabilidade) quando age de acordo com o que vê.

Suponhamos que eu esteja dirigindo em Santiago. Chego a um sinal vermelho e paro. Ao parar, um menino surge na janela e me pede dinheiro. Diante dessa situação, posso reagir de duas ou três maneiras. Posso dizer: 'Nossa, há muita miséria em Santiago atualmente'. Se disser: 'A miséria aumentou muito, e foi o governo que provocou essa situação', eu não vejo o menino, mas sim minha teoria sobre o governo como causador da miséria. Todavia, não é a miséria que está diante de mim; é um menino. Se disser: 'Meu Deus, esse menino poderia ser meu filho', então, aí sim, vejo o menino. Se não interponho a teoria, vejo o menino. Então me pergunto: 'O que estou fazendo para criar um mundo no qual isso acontece?'. Deixar o menino aparecer: eis o ato de amor. Depois disso não é possível fugir à emoção que essa cena evoca, e você se torna consciente dela".

Dadi Janki também fala do vínculo direto entre a atitude de amar e a visão transformadora do outro: "Quando tenho uma atitude e uma visão de fraternidade, permaneço na percepção de mim mesma como uma alma, e então vejo o próximo como uma alma, como meu irmão. Tudo em minha atitude será revelado por intermédio dos meus olhos. Eis por que, quando há esse nível de consciência da alma e eu enxergo o outro como uma alma, eu o vejo com amor e compaixão".

Um exemplo claro do ato de ver o outro com uma visão elevada é a história do padre Ceyrac, que expressou a ideia em termos de beleza:

> Para mim, a beleza é o reflexo de Deus no mundo. A beleza das crianças [...] você vê Deus nelas. Se quisermos amar alguém, devemos ver a beleza dessa pessoa. Amamos a beleza naturalmente. Fomos concebidos para a beleza.
>
> Suponhamos que um rapaz ame uma moça. Para ele, a moça é a coisa mais bela do mundo, apesar de o nariz dela ser [*faz um movimento indicando um nariz torto*]. O amor nos faz ver a beleza, e quando vemos a beleza amamos mais.
>
> Ao abençoar um casamento, digo: "Vocês devem ver a beleza um no outro todos os dias". O problema é que não vemos a beleza das pessoas. A beleza é extraordinária. Quando vemos a beleza das pessoas, os problemas desaparecem. Nós as amamos.
>
> Quando um grupo de estudantes chega à Índia, faço uma apresentação. A primeira coisa que vocês veem ao chegar à Índia – pelo amor de Deus, não vejam a pobreza, como um velho

colonizador. Não vejam a pobreza. Não vejam isso. Vejam a beleza das pessoas. Quando vocês veem a extraordinária beleza do povo da Índia, então veem a Índia. A pobreza é outra coisa.

A maneira como o padre Ceyrac vê a Índia explica a extraordinária contribuição que ele deu ao país. Durante mais de setenta anos, trabalhou febrilmente – inebriado por seu amor pelas lindas crianças da Índia. Não trabalhou com a sobrecarga do senso do dever que poderia surgir da visão de um "velho colonizador". Trabalhou com a leveza e a alegria de seu amor pelas crianças que tinha diante de si.

Mas ver com visão elevada nem sempre é uma experiência natural. Um dos momentos mais pungentes da nossa entrevista foi quando Hafsat Abiola falou sobre o homem que traiu seu pai na Nigéria:

> Fiquei indignada. Há coisas que me deixam furiosa. Acho que às vezes meu marido fica chocado. Como posso ser tão amorosa num momento e explodir de raiva em seguida? Quando penso em meu pai e no modo como foi traído por alguns de seus amigos mais chegados – especialmente aquele que foi o verdadeiro Judas entre eles [...]. Nunca vi em ninguém uma mudança tão grande como a que aconteceu com esse homem. Isso me desaponta. E no íntimo

fiquei muito decepcionada. Pensei em dirigir-me a ele numa sala e estender-lhe a mão em sinal de perdão, e essa era minha intenção. Mas não consigo. Fico seriamente preocupada com minhas limitações, na rapidez com que posso virar uma leoa protegendo sua cria. Posso ser esmagada pela raiva que irrompe dentro de mim.

Maturana ponderou de modo especial essa história de Hafsat Abiola:

"Poderia suceder que, se ela se dirigisse a esse homem e lhe dissesse: 'Sei que você traiu o meu pai, mas já não lhe tenho nenhum ódio. Vivi muito, e vi que o mundo está mudando. Porque aquela era a única coisa que você podia fazer naquele momento, e a fez. Para a paz de sua alma e para a harmonia do meu viver, eu lhe quero bem'.

Que pensaria esse homem? Poderia pensar: 'Meu Deus – ela sabe que eu fiz isso, e acredito em sua sinceridade. O que é isso? Não acho que ela seja hipócrita'. De modo que essa ação o tocaria. E o que seria visto e lembrado seria um ato de grandeza – uma pessoa honesta tentando ir além de uma situação extremamente penosa.

Porque o que você veria como grandeza seria a ação dela – não o resultado –, não importa o que viesse a acontecer. Um observador notaria provavelmente que ela é generosa de espírito, de alma. Naquele ato, ela se libertaria de seu ressentimento.

É muito possível que isso acontecesse num momento em que ela fosse ouvida por ele, e, em decorrência disso, ele mudaria – não porque ela quisesse algum resultado, mas porque suas palavras nasceram do respeito.

Ela gostaria de fazer isso, mas não o consegue porque no momento lhe falta a harmonia interior intrínseca. Se ela dissesse: 'Tudo bem, eu o perdoo. Só queria libertar-me', ficaria livre do ressentimento. Se você perdoa com ira, não está perdoando. É preciso esquecer. O perdão sobrevém quando você esquece. Ao esquecer, você consegue esquecer até mesmo a emoção que o domina".

Dadi Janki teceu uma opinião semelhante em suas reflexões sobre o perdão: "A mesma pessoa que nos causou sofrimento ou ódio virá até nós um dia para pedir perdão. Ater-nos ao fato de que alguém nos traiu ou enganou nos torna reféns da ira em nosso íntimo. Na verdade, deveríamos também ajudar os que nos enganaram e esquecer o que fizeram conosco. Quando vemos a oportunidade de perdão, precisamos ajudá-los a diminuir sua dor e sofrimento, que são a consequência das primeiras ações que praticaram. É por isso que precisamos ter perdão, amor, piedade e compaixão. Ajudar alguém a esquecer os próprios erros é a forma mais elevada de caridade".

Capítulo Oito

AGIR COM O CORAÇÃO

nquanto muitos dos que aparecem no palco do mundo praticam ações impulsivas e deliberadas, com a consciência de serem os donos ou mesmo os heróis da situação, nos casos caracterizados pelo que estamos chamando de grandeza, parece ocorrer exatamente o contrário. Todo o senso de identidade do "eu" agindo literalmente se evapora quando a pessoa entra em ação. Ela atenta unicamente em quem corre perigo e nas necessidades do momento. Quando a situação exige, move-se com presteza, sem dissipar esforços, fazendo exatamente o que o instante requer – e não pensa em recursos, obstáculos ou consequências.

As histórias apresentam grande semelhança. É como se o caminho a seguir, invisível para todos os que participam da cena, fosse absolutamente claro para a pessoa que age. Ela avança com uma firmeza e uma precisão que não podem ser explicadas por nenhuma lógica subsequente. Parece saber muito bem o que se espera dela naquele momento. Se Bart McGettrick começasse a refletir sobre a repercussão de sua desobediência às normas da escola... Se Wesley Autrey se desse conta da pouca profundidade do espaço entre os trilhos do metrô de Nova York e da situação de suas filhas na plataforma... Se o padre Ceyrac parasse para calcular os custos da assistência aos órfãos na Índia, achando improvável que elas pudessem mesmo sair da miséria, a oportunidade para o ato de grandeza se perderia.

Tudo ocorre como se sua percepção amorosa abrisse uma porta invisível para além da qual se estende um corredor de oportunidades que conduzem a um destino que ninguém mais consegue distinguir. Quando a porta se abre, eles renunciam ao próprio eu, pondo-se a serviço de algo superior. Eles não "pensam", na acepção comum da palavra; ao contrário, vão adiante, atentos, calmos, eficientes, guiados de momento em momento pela experiência. Movem-se com a "consciência de ser um instrumento", já descrito por Dadi Janki e ilustrado em *Guerra nas estrelas* quando o jovem Luke Skywalker pilota sua espaçonave em circunstâncias arriscadas, tentando ler o painel de instrumentos para se orientar. Ouve então a voz de Obi-Wan Kenobi dizendo: "A força, Luke. Use a força". Nesse instante, ele para de pensar e submete-se a uma orientação sutil que assume o controle e conduz a espaçonave em sua bem-sucedida missão.

Maturana relatou um desses momentos em sua vida com a esposa, Beatriz:

"Já fui o Super-Homem. Minha história como Super-Homem é a seguinte: estávamos escalando uma colina de mãos dadas, eu primeiro, depois Beatriz e por fim a mãe dela, Yolanda. Esta largou a mão de Beatriz para segurar o galho de uma árvore próxima, mas não conseguiu e começou a rolar encosta abaixo. Beatriz soltou minha mão imediatamente, caiu de joelhos e pôs-se a rezar. Ao ver o que acontecia, virei-me, dei três saltos consecutivos pela colina e, colocando-me embaixo de Yolanda, recebi-a nos braços. Era uma senhora magrinha, de uns 82 anos, e muito leve. Ao entrar em ação, não parei para pensar no que fazer e como o faria. Num relance, percebi toda a situação. Em outras palavras, num átimo de segundo, captei o sistema inteiro em que tudo acontecia e soube imediatamente o que fazer e como fazê-lo. Soube que devia ultrapassá-la e segurá-la antes que ela desse outra volta colina abaixo – caso contrário, a velha senhora rolaria para a morte certa. Saltei com a maior precisão numa superfície escorregadia e acolhi Yolanda nos braços. Depois de colocá-la sã e salva no chão, pedi-lhe desculpas, pois minha mão direita pousara sem permissão em seu seio. Ela sorriu e beijou-me. Mais tarde, admirei-me do que fizera, compreendendo que, se houvesse parado para pensar no que fazer, não teria conseguido segurá-la.

Perceber imediatamente o sistema inteiro em que estamos inseridos é o mais importante numa situação como essa. A visão sistêmica ocorre apenas quando vemos com amor. A visão sistêmica do amor ocorre somente quando as emoções não interferem a ponto de fazer nossos atos serem guiados por propósitos ou desejos. Quando o amor se torna o guia inconsciente de nossos atos, detectamos a matriz sistêmica relacional-operacional daquilo de que somos parte e onde estamos imersos. De pronto sabemos como nos movimentar em seu contexto. Ver com amor não é ver com bondade, carinho, dedicação ou generosidade – é, pura e simplesmente, ver de maneira sistêmica. Quando agimos num momento de visão sistêmica, o fazemos observando as circunstâncias que nos cercam e de acordo com o que percebemos ser adequado naquele instante e lugar".

Consideremos ainda a história de Brooke Rodgers, uma garota de 16 anos, de Chicago. Ela queria trabalhar como salva-vidas durante o verão e, com o objetivo de se preparar, fez um curso de primeiros socorros na Cruz Vermelha americana. Poucos meses antes de terminar o curso, teve a oportunidade de pôr em prática o que aprendera.

Estava no segundo andar da escola, contemplando pela janela a esquina lá embaixo. Uma mulher atravessava a rua e, enquanto eu olhava, foi atropelada por um carro. Vi-a projetar-se no ar e estatelar-se no chão. Atirei minha mochila e desci correndo as escadas. Ao chegar ao local, alguém estava ao lado da mulher para impedir que outros carros a atingissem, mas ninguém falava com ela. Duas garçonetes do restaurante da esquina ficaram observando da calçada. Pedi-lhes que telefonassem para o número 911 e, aproximando-me da vítima, ajoelhei-me junto dela. Lembrava-me de uma das lições do treinamento, segundo a qual, em casos como aquele, devemos sempre nos apresentar e oferecer ajuda. Disse-lhe, portanto, que me chamava Brooke e perguntei se lhe poderia ser útil. Ela acenou que sim. Olhava-me diretamente nos olhos. Eu sabia que machucara a cabeça pelo modo como caíra. Dei os dois passos iniciais do treinamento de primeiros socorros, em que perguntamos à vítima como está se sentindo e a examinamos para descobrir se ela se feriu. Sim, a mulher machucara a cabeça, mas talvez não tivesse consciência de outra parte do corpo que também fora atingida. Apalpei-a então e notei que a perna também se ferira. Nesse momento, as duas garçonetes apareceram com dois cobertores e disseram que a ambulância estava a caminho. Comuniquei essa informação à vítima e assegurei-lhe que alguém orientava o trânsito em volta dela. O socorro chegou rápido. Eu disse aos enfermeiros que a mulher se ferira na cabeça e que sua perna talvez estivesse quebrada. Eles a puseram na ambulância. A mulher voltou-se para mim e murmurou: "Obrigada, Brooke". E foram-se.

O que mais me impressionou foi o fato de, no treinamento, fazermos exatamente o que sabemos que deve ser feito. Só tomei consciência do que precisava fazer depois.

Maturana, que saltou para ajudar a sogra, e Brooke, que correu em socorro da mulher atropelada, relataram o mesmo fenômeno que as outras pessoas entrevistadas por nós ou sobre as quais lemos. Quando entram em ação, algo dentro delas se transforma. Brooke descreveu a experiência como "um momento de silêncio interior". Lenny Skutnik, o funcionário federal que pulou no rio Potomac congelado após o desastre do avião da Air Florida, empregou quase as mesmas palavras: "Tudo estava muito silencioso – aquele estranho silêncio de quando neva. E, em meio ao silêncio, a mulher gritava por socorro: 'Por favor, alguém pode ajudar?'".

É como se, nesses momentos, a consciência do mundo se esfumaçasse – e tanto o ator quanto as pessoas que ele ajuda ficassem juntos em suspenso, para além da lógica e da reflexão, num instante inesperado que acaba por se resolver às mil maravilhas, de um modo que nenhum deles consegue explicar depois. De fato, as ações são tais que, posteriormente, os heróis se eximem de toda responsabilidade pelo acontecido, não raro se confessando gratos e felizes por estar ali e ajudar.

Brooke Rodgers, refletindo sobre sua experiência, afirmou:

> Fiquei realmente surpresa por ela se lembrar de meu nome. Minha ideia era que, quando passamos por uma experiência dessas, pensamos apenas no que aconteceu conosco. Mesmo que nada me aconteça, não recordo necessariamente o nome de uma pessoa que se apresentou a mim. Por isso, tomei a coisa como mais uma prova de que o treinamento foi bom mesmo: os professores criaram o curso com base no que sabiam sobre o sentimento das vítimas [...]. Foi realmente um grande momento, pois deixei de me ocupar com coisas sem importância e fiz o que tinha de fazer.

Um dia depois de seu ato heroico no metrô, um repórter do *New York Times* pediu a Wesley Autrey que refletisse sobre o acontecido. Ao final da entrevista, após relatar toda a sequência da aventura, ele simplesmente disse: "Talvez eu estivesse no lugar certo na hora certa. Boas coisas acontecem com gente boa".

Capítulo Nove

O EFEITO DOMINÓ DA GRANDEZA

Os psicólogos já documentaram amplamente os efeitos negativos da violência e das catástrofes sobre aqueles que as presenciam. Volumes e volumes foram escritos a respeito da síndrome do estresse pós-traumático e outras consequências biológicas para os espectadores de atos de terror. Menos estudado mas igualmente importante é o que acontece a quem presencia atos grandiosos. Um dos pioneiros nessa pesquisa é Jonathan Haidt, professor de psicologia da Universidade da Virgínia. Diz ele: "Em meu trabalho, deparei com um tipo de emoção que poucos têm investigado: a que sentimos quando outras pessoas fazem coisas boas, habilidosas ou admiráveis. É uma emoção pouco usual porque, primariamente, não diz respeito a nós mesmos, nossos objetivos ou preocupações mesquinhas comuns. Ela nos proporciona uma sensação edificante, inspiradora; faz com que nos sintamos melhores; transcende a si própria".

Uma das primeiras emoções desse tipo ("emoções glorificadoras do outro") que Haidt examinou foi a "elevação": "A elevação é um sentimento cálido, nobre, que as pessoas experimentam quando contemplam atos inesperados de bondade, afabilidade e compaixão humana. Faz com que desejemos ajudar os outros e que desejemos ser melhores".

Segundo a pesquisa de Haidt, a circunstância que com mais frequência provoca elevação é ver alguém ajudar uma pessoa necessitada. Eis uma das histórias que Haidt e sua equipe ouviram:

"Eu e três amigos de minha igreja voltávamos para casa naquela manhã após prestar serviços voluntários no Exército de Salvação. A neve caía desde a noite anterior, formando uma grossa camada no chão. Enquanto passávamos por uma área perto de onde eu morava, vi uma senhora idosa na calçada empunhando uma pá. Não pensei muito no caso até que um dos rapazes do banco traseiro pediu ao motorista para parar e deixá-lo descer. O motorista também não prestara atenção e teve de dar marcha à ré a fim de voltar até a residência da senhora. Pensei que o rapaz queria apenas poupar trabalho ao motorista e percorrer a pé a curta distância até sua casa (embora eu não soubesse onde ela se localizava). Mas quando o vi saltar do banco traseiro e aproximar-se da mulher, meu queixo caiu de espanto: ele se ofereceu para limpar a calçada.

Senti meu espírito elevar-se mais ainda. Estava alegre, feliz, sorridente, energizada. Ao chegar em casa, contei, estusiasmada, o caso a minhas colegas, que ficaram igualmente comovidas. E, embora nunca tivesse considerado aquele rapaz além de um amigo, naquele instante tive por ele uma pontinha de sentimento romântico".

Haidt empreendeu diversos estudos sobre a elevação, pedindo aos participantes da pesquisa que procurassem recordar um momento em que presenciaram alguma manifestação de natureza humana "superior" ou "inferior". Nesses estudos, ele exibia aos participantes videoclipes de Madre Teresa cuidando dos pobres em Calcutá. Haidt não se limitou aos Estados Unidos. Em Orissa, na Índia, fez oito entrevistas num vilarejo, pedindo aos informantes para falar a respeito de situações potencialmente emocionais que houvessem vivenciado. Uma delas era "uma ocasião em que viu alguém praticar algo maravilhoso, uma ação realmente boa para seu semelhante, mas não para você". Seis dos informantes relataram casos vívidos que testemunharam, e em todos eles estavam presentes os sinais da elevação (sentimentos cordiais, afeto positivo e vontade de ajudar).

Uma aluna nipo-americana de Haidt fez entrevistas similares com quinze pessoas de diferentes classes sociais no Japão. Notou que os informantes se sentiam emocionalmente responsáveis pelos atos de outras pessoas, como nas respostas dos americanos e indianos. Eles descreveram várias situações que os tocaram bem fundo, como ver o membro de um grupo ceder seu lugar no trem a um idoso, saber notícias sobre Madre Teresa e admirar a banda de músicos, no filme *Titanic*, tocar corajosamente enquanto o navio afundava. Por exemplo, na entrevista com uma dona de casa de 46 anos, deu-se o seguinte diálogo:

> P: Você já experimentou sentimentos positivos por causa de algo que outras pessoas fizeram?
>
> R: Sim, experimentei. Por exemplo, quando ocorre uma catástrofe natural em determinado país e voluntários vão até lá para ajudar. Há também aqueles que fazem o que podem, como coletar dinheiro, alimentos e roupas para as vítimas do desastre.
>
> P: Você experimenta sentimentos positivos quando ouve histórias sobre essas pessoas?
>
> R: Sim.
>
> P: Pode explicar isso em detalhes?
>
> R: Pergunto-me se haverá algo que eu possa fazer dentro de minhas limitações – doar dinheiro e roupas. Já fiz isso [...]. Pergunto-me

se conseguiria juntar-me àquelas pessoas, embora meu ato em nada se compare aos delas.

P: Alguma sensação física acompanha esses sentimentos?

R: Quando tenho notícia de uma catástrofe, sinto dor no peito e choro ao ler os jornais. Depois, ao saber que voluntários estão se apresentando e ajudando as vítimas, a dor desaparece, o coração se ilumina [*akarui*] e sinto-me contente [*sonkei*], aliviada [*anshin*], cheia de admiração [*sugoi*] e respeito [*sonkei*]. Graças aos voluntários, o coração pesado por causa das más notícias fica mais leve.

Nessas entrevistas japonesas, assim como nas indianas, os mesmos elementos aparecem reunidos: a percepção de um comportamento dedicado e corajoso provoca no peito uma sensação física de movimento, simpatia e abertura, aliada ao desejo de também praticar boas ações. (Haidt, *Flourishing*, p. 282-83.)

Encontramos indícios que sustentam a declaração de Haidt em nossa própria pesquisa quando nos encontramos com Zilda Arns Neumann, uma pediatra brasileira que fundou e dirigiu a Pastoral da Criança, no Brasil, um programa de saúde pública inovador que trabalha com mais de 265 mil voluntários em 42 mil comunidades pastorais no país, combatendo a pobreza, a doença, a fome, o analfabetismo e a injustiça. Zilda recebeu inúmeros prêmios por sua atuação e chegou a ser indicada para o Prêmio Nobel da Paz em 2005. Seu relato sobre aquilo que a inspirou a tornar-se médica e educadora para servir aos pobres corrobora os achados de Haidt e sua equipe referentes aos efeitos da contemplação da natureza superior da humanidade:

> Nasci em Forquilhinha, uma pequena cidade meridional no Estado de Santa Catarina. Sou a décima segunda de treze irmãos e irmãs. Fazíamos parte de uma comunidade rural dotada de uma excelente escola primária e uma bela paróquia de frades franciscanos, além de uma ótima biblioteca para as famílias locais. Meus pais, com sete filhas, queriam que todas as meninas estudassem. Assim, construíram uma casa em Curitiba, já renomada como cidade universitária. Em Curitiba, costumávamos frequentar a Congregação dos Frades Franciscanos, onde tínhamos acesso a bons livros e filmes. Fiquei particularmente impressionada por dois filmes sobre missionários na Amazônia. Aquelas imagens de médicos missionários trabalhando com gente pobre, atormentada pela malária, trêmula de febre em suas redes, tocaram-me profundamente. Depois vimos outro

filme em que os médicos trabalhavam nas favelas com crianças que passavam o dia brincando nos esgotos. Decidi: "Também vou ser médica e missionária".

Se não houvesse sido inspirada pelos filmes de missionários em serviço na Amazônia, Zilda talvez se tornasse apenas mais uma pediatra bem-sucedida no Brasil. No entanto, comovida e inspirada pelo que vira, preferiu uma vida muito diferente como médica, educadora e filantropa. Pedimos-lhe que refletisse sobre sua escolha. Ela observou:

> Sentimos um prazer íntimo quando somos chamados a ajudar nossos semelhantes. É uma vocação: o apelo nos atrai. É a consciência de ser um instrumento de uma força maior e usar aquilo que se possui – educação pessoal, habilidade profissional, talentos, fé, grandeza de coração. Acho que todos esses dons são divinos, dados para que os compartilhemos com os outros. Sentimos que podem ser compartilhados para trazer felicidade ao próximo.

Haidt concluiu: "O amor e a afiliação parecem ser uma resposta humana comum à contemplação dos santos e dos feitos sagrados ou mesmo à circunstância de ouvir falar deles em segunda mão". A escolha de Zilda, de tornar-se médica missionária como as pessoas na Amazônia que ela vira em filmes na biblioteca dos frades franciscanos, é um exemplo do desejo tanto de amor quanto de afiliação àqueles que praticam atos sagrados.

Outra pesquisa na área de psicologia chamou a atenção do mundo para o fato de a experiência de emoções positivas realmente aumentar nossas reservas de energia e ampliar nossa capacidade de agir. Barbara Fredrickson, professora de psicologia na Universidade da Carolina do Norte, reformulou a maneira com que o mundo encara as emoções positivas num importante artigo de 1998 intitulado "Até que ponto são boas as emoções positivas?". Nesse artigo, ela lançou a teoria da emoção positiva, que chamou de "teoria do aumento e ampliação": "Essa teoria estabelece que certas emoções positivas distintas [...] conseguem ampliar o repertório de pensamentos-ações momentâneo e aumentar os recursos pessoais duradouros, que vão dos físicos e intelectuais aos sociais e psicológicos. O repertório de pensamentos-ações aumentado graças a emoções positivas traz benefícios adaptativos indiretos e a longo prazo. Amplia o leque de atenção, cognição e ação, ao mesmo tempo que aumenta os recursos físicos, intelectuais e sociais – recursos pessoais duradouros que funcionam como reservas às quais se pode recorrer mais tarde, a fim de enfrentar futuras ameaças" (Fredrickson, *American Psychologist*, março de 2001, p. 219-20). Haidt observou: "A elevação parece abrir a mente das pessoas e voltar sua atenção para fora, para os semelhantes. Portanto, a elevação se encaixa bem no modelo 'aumento e ampliação' de Fredrickson (1998), referente às emoções positivas, em que estas motivariam as pessoas a cultivar habilidades e relacionamentos capazes de ajudá-las a longo prazo" (Haidt, *Flourishing*, p. 282).

Se Haidt, Fredrickson e outros que estudam os efeitos de ver – ou mesmo de ouvir mencionar – atos de bondade e generosidade estão certos, seus achados têm fortes implicações para o modo de transformar sociedades, para esquemas de apatia, cólera e medo em esquemas de magnanimidade, coragem e afiliação. Sem dúvida, a onda de apoio a líderes como Gandhi e Martin Luther King Jr. é bem conhecida; mas há provas de que as pessoas são motivadas e edificadas também por atos de grandeza mais isolados.

O artigo do *New York Times* sobre o herói do metrô relatou o que aconteceu a Wesley Autrey depois de seu glorioso ato de salvamento:

> O senhor Autrey, de 50 anos, operário da construção civil, afirmou que algo lhe parecia diferente quando se apresentou para trabalhar naquela terça-feira à tarde. Seu chefe comprou-lhe um sanduíche de queijo com presunto e depois o aconselhou a tirar o dia de folga.
>
> Ontem de manhã, quando ele se dirigia ao apartamento da mãe no Harlem, "um estranho

se aproximou e me pôs uma nota de dez dólares na mão", disse o senhor Autrey. "As pessoas no meu pedaço agiam como se dissessem: 'Ora, eu conheço este cara'."

Já no apartamento da mãe, deu entrevistas na sala para alguns noticiários matutinos nacionais.

Em seguida, voltou à cena do salvamento e contou como o senhor Hollopeter caíra da plataforma entre os trilhos, com o trem se aproximando.

Ao longo do dia, a irmã do senhor Autrey, Linda, de 48 anos, ficou de assistente administrativa, anotando convites para o circuito de entrevistas, inclusive pedidos dos programas de David Letterman, Charlie Rose e Ellen DeGeneres. Choveram telefonemas de pessoas de boa vontade, até do gabinete do prefeito. O senhor Autrey relatou que lhe ofereceram dinheiro, viagens e escola paga para suas duas filhas, Syshe (4 anos) e Shuqui (6), que o viram saltar sobre os trilhos.

"Donald Trump tem um cheque à minha espera", contou ele. "Queriam mandá-lo pelo correio, mas eu insisti em ver Donald pessoalmente só para dizer-lhe: 'Ei, cara, você está demitido'."

Ao final do dia, o presidente da Academia de Cinema de Nova York, Jerry Sherlock, deu-lhe em mãos um cheque de 5 mil dólares.

Pedimos a Maturana para falar sobre a onda de generosidade que se põe em movimento espontaneamente quando as pessoas presenciam atos de gentileza, coragem e amor: "Atos de amor inspiram atos de amor. Confiança inspira confiança. Raiva inspira raiva. Assim, se uma pessoa é honesta, as outras perceberão sua honestidade, serão tocadas por ela e inspiradas a agir da mesma maneira. A contemplação de atos de bondade tem gerado grandes debates: 'Como pode acontecer isso?'. Isso acontece também em relação a outros atos. Cada qual pergunta: 'Poderia eu ter agido assim?'. Quando alguém perdoa um ato horrível, os outros se indagam: 'E eu, perdoaria da mesma forma uma coisa tão infame? Pensando nisso agora, conseguiria aplacar a cólera, depois de ter presenciado semelhante tipo de perdão?'. Eis um dado curioso – pessoas que testemunham atos de coragem, generosidade ou perdão em circunstâncias excepcionais são profundamente afetadas pelo que veem".

Indagamos a Dadi Janki sobre o efeito dominó da grandeza. Ela disse:

"Quando nossa intenção é pura, tem impacto vibrante nos outros. Quando somos tocados por uma qualidade boa – inspirada por uma virtude ou valor – e agimos num patamar elevado, nossa ação consegue inspirar os semelhantes. É lei natural que as almas respondam ao tipo de intenção que percebem nos outros. Ao falar de inspiração, é disso que falamos. Muitas coisas não podem ser feitas sem inspiração. Se você está inspirado, encontra a coragem e a força de que precisa – e nada consegue detê-lo.

"Assim, quando alguém presencia um ato de grandeza, um ato absolutamente altruístico, sente-se transformado pela pureza de intenção nele contida. Pode sentir admiração ou gratidão. Esses sentimentos são verdadeiras bênçãos projetadas da pessoa que contempla a boa ação para aquela que a pratica. Há nisso uma dupla recompensa: bênçãos para quem faz e coragem para quem testemunha o feito".

Lembremo-nos da observação de Tex Gunning sobre a grandeza no início de nossa pesquisa: nós nos comovemos diante da grandeza porque a grandeza é inata em nós.

Capítulo Dez

O CULTIVO DA GRANDEZA

A grandeza não é uma coisa para a qual possamos preparar-nos da mesma maneira como estudamos para um exame. Em praticamente todos os domínios da vida – do beisebol à guerra e do banco de investimentos à produção televisiva –, somos encorajados a refletir, analisar e planejar. Disso resultará, dizem-nos, a ação bem-sucedida. As promoções e o poder advêm para aqueles que mais pensam, que analisam cuidadosamente e planejam bem. Mas, no reino que estamos designando como "algo além da grandeza", o prêmio não está no pensar, no analisar e no planejar.

Os que são abençoados com a fortuna de servir o próximo – quer seja num momento ou durante a vida inteira – parecem ter-se alçado acima da atração gravitacional do pensar e do dar passos planejados. No instante em que veem o outro com uma visão elevada de amor, os vínculos que os ligam ao pensamento e ao planejamento cautelosos se desfazem, e eles se movem num estado de saber no coração o que devem fazer. Agem com segurança e serenidade, e depois saboreiam o estado de graça em que se encontram.

Ao examinar as histórias que encontramos em nossa pesquisa e procurar discernir-lhes o sentido, concluímos que esse fenômeno da grandeza está além da análise. Da mesma forma que não se pode ensinar alguém a apaixonar-se, não se pode ensinar alguém a ter uma vida repleta de grandeza. Não é possível ensiná-la, mas é possível aprendê-la.

Maturana sustenta que ser amoroso está na natureza do ser humano. Acredita que perdemos o contato com nossa natureza espontânea, amorosa, quando tentamos afirmar nossa vontade sobre as coisas, quando tentamos fazer com que os outros atendam às nossas expectativas – fazer o que queremos que eles façam. Diz ele: "Nós, seres humanos, somos basicamente seres amorosos. Alguma coisa acontece quando vemos a legitimidade do outro. O amor apenas vê, e depois agimos de acordo com o que vimos. Se deixarmos que o outro seja, o outro aparecerá na sua legitimidade e agiremos da forma que for mais conveniente". Maturana afirma que simplesmente vemos os outros "nas ações da sua vida", e à medida que os virmos com simpatia seremos levados naturalmente a agir de maneira amorosa. Para ilustrar a emergência natural da nossa natureza amorosa, ele recontou a clássica história de Fausto:

> Você já leu o *Fausto* de Goethe? Fausto é um interessante personagem mítico medieval que vende a alma ao demônio. Quando isso acontece nas histórias, o demônio nos fornece algo de valor mundano, como a fama ou a riqueza, em troca da nossa alma. Existem diferentes histórias a esse respeito. Em algumas delas, o demônio se apossa da alma; em outras, o ser humano consegue enganar o demônio; às vezes eles são ajudados por uma mulher, pelo amor. O demônio nunca trapaceia. Sempre cumpre a sua parte na barganha, porém os seres humanos estão sempre tentando trapacear. Na história de Goethe, esse Fausto é um alquimista, um mago, um velho professor universitário, mas está mortalmente entediado. Nada o comove. A vida não tem sentido. De repente, o demônio aparece e se oferece para mostrar-lhe os segredos do mundo e fazê-lo experimentar os maiores prazeres. Em troca, quando morrer, ele deverá entregar sua

alma imortal ao demônio. Fausto concorda com uma condição: a aventura deve culminar num momento em que ele esteja experimentando o mais elevado, o mais intenso prazer que um homem pode sentir. O demônio concorda com essa oferta e rejuvenesce Fausto. Este participa de aventuras com bandidos, seduz uma jovem chamada Margarida, que se apaixona por ele, e torna-se um líder guerreiro. No fim da vida, o demônio o importuna para entrar em outra aventura, repleta de prazer mundano. Fausto, porém, busca um desafio maior e não consegue pensar em coisa melhor do que cultivar terra tirada do mar e fazê-la produzir. Começa, pois, a desenvolver uma empresa dedicada a tirar terra do mar e a construir casas para as pessoas. Há um momento em que Fausto fica tão exaltado pelo que está fazendo para beneficiar a humanidade que exclama: "Ó momento, pare!". Nesse instante, o demônio aparece para cobrar a sua parte.

O propósito de Maturana ao mencionar a história de Fausto é mostrar que o prazer mais elevado, mais intenso que o homem pode alcançar não são os prazeres terrenos de aventura e sedução. O prazer mais intenso só advém a Fausto quando ele se envolve no ato natural de amar e dar aos outros. É por intermédio do amor que ele se redime. É esse estado exaltado que define o tipo de grandeza de que estamos falando – o estado natural de estar em harmonia com nossas qualidades mais elevadas e de dar de maneira natural e espontânea aos que se encontram ao nosso redor.

Alguns gozam da boa fortuna de ter acesso fácil à sua natureza espontânea, amorosa, ao passo que outros perderam o contato com essa parte de si mesmos. Mencionamos anteriormente a história de uma pessoa que dirige um carro em Santiago e depara com um menino pobre que lhe pede esmola. Havia duas respostas possíveis à situação: (1) ver a teoria da incapacidade do governo para cuidar dos pobres; ou (2) ver o menino. As pessoas que perderam o contato com o manancial de amor interno não verão o menino e perderão a oportunidade de servir ao próximo com uma visão de amor.

Como voltar à nossa natureza amorosa original para cultivar a grandeza em nosso interior? Como os que aspiram à grandeza encontrariam a porta que abre para o corredor conducente à grandeza? Dadi Janki afirma que tudo é uma questão de lembrar-se: "Cada um de nós possui qualidades originais e eternas que são como qualidades de Deus. Deus é nossa Mãe, nosso Pai, e temos em nós as mesmas qualidades eternas de amor, paz, felicidade e poder. Mas esquecemos quem somos. Com o tempo fomos sucumbindo à influência do mundo. Fomos distraídos por desejos de coisas materiais e nos apegamos às pessoas e às coisas mundanas. Tivemos experiências que nos causaram tristeza, ira e medo. À medida que isso nos foi acontecendo, esquecemos gradualmente nossa natureza original, amorosa. A porta para o eu eterno se fechou silenciosamente, e nos vimos sozinhos. Não precisamos sentir-nos sós. Não precisamos permanecer nas trevas".

Se não sabemos alguma coisa, devemos aprendê-la com alguém que sabe; mas, se desde o começo uma coisa é nossa, devemos reavê-la por meio da lembrança. É assim com o Raja Ioga, a prática espiritual seguida por Dadi Janki. *Raja* é a palavra hindi para soberano ou rei, e *Ioga*, também em hindi, significa jugo ou vínculo. Raja Ioga é uma prática espiritual por meio da qual alguém recupera a soberania natural do eu por intermédio da lembrança. Perguntamos a Dadi Janki do que é que lembramos com a prática da Raja Ioga. Ela respondeu:

"Em primeiro lugar, lembramo-nos de quem somos e depois daquele a quem pertencemos. Sou uma alma, um ser de luz eterno, e sou filho da Alma Suprema; sou um filho de Deus. Para me lembrar do meu Pai Supremo, preciso ir além do som e imergir no silêncio. A prática de permanecer além do som é absolutamente essencial. O silêncio é a linguagem da alma. No silêncio profundo, volto a atenção para mim, para Deus, o ser de luz que é meu pai eterno, e me perco na lembrança. Nesse espaço de lembrança profunda, silencioso, forjo um relacionamento e provo o amor de Deus. Esse amor de Deus evoca a minha própria natureza amorosa. Quando esse amor preenche minha consciência, minha atitude se torna benevolente, e quando minha atitude é benevolente, eu vejo naturalmente com olhos amorosos. Vejo os que estão ao meu redor não como 'os outros', mas como um irmão ou uma irmã, como alguém que me pertence".

Tal é Wesley Autrey no metrô de Nova York. Tal é Bart McGettrick na escola da Escócia. Tal é o padre Ceyrac com suas crianças na Índia. E tais são os incontáveis parentes, vizinhos e cidadãos em todo o mundo que se envolvem em atos silenciosos e serenos de amor e generosidade dos quais nunca ouvimos falar.

Capítulo Onze

ALGO ALÉM DA GRANDEZA

omo observamos anteriormente, os estados emocionais e psicológicos são contagiantes. Eles se espalham pelas sociedades como o fogo numa floresta seca. Isso vale tanto para o estado de ódio como para o de amor. Wesley Autrey não apenas salvou Cameron Hollopeter na plataforma do metrô de Nova York; ele acendeu uma luz de possibilidade para os milhares de pessoas que souberam da sua história. Isso vale para todos os homens e mulheres dos quais falamos aqui – para o padre Ceyrac, na Índia, para Bart McGettrick, na Escócia, e para Hafsat Abiola, na Nigéria. O mundo atual não carece apenas de momentos particulares de grandeza ou mesmo de vidas individuais de grandeza; carece também de comunidades inteiras de grandeza. Precisamos ir além da admiração da grandeza nos outros e despertá-la em nós próprios. Todos nós temos tudo de que necessitamos dentro de si – o amor, a paz e a generosidade de espírito que vemos nesses grandes seres.

Durante a elaboração deste livro, sentamo-nos com Dadi Janki na Índia e lhe perguntamos sobre aqueles a quem todos consideram seres grandiosos, como Mahatma Gandhi. Ela respondeu com ponderação:

"Sim, Gandhi conseguiu libertar a Índia usando meios não violentos. Mas lembre-se de que não era esse seu objetivo mais alto. Sua meta era criar 'Ramraj', criar o céu na terra. Isso ele não logrou fazer. Empenhou-se muito em conquistar a independência para o povo da Índia, mas desde então a corrupção, a competição e a divisão aumentaram efetivamente. O povo da Índia honrou seus princípios de vida, mas só na teoria. Transformaram-no em um ícone, mas no seu dia a dia voltaram as costas para o que ele dizia. Esqueceram-se das disciplinas que ele sustentou para alcançar seu elevado nível de consciência. Gandhi levou uma vida que descrevia como 'experiências com a verdade', na qual procurava intencionalmente as verdades superiores. Tornou-se muito simples, e durante algum tempo conseguiu inspirar outros a serem como ele, mas não conseguiu criar uma comunidade sustentável de grandes seres. É disso que precisamos atualmente – não apenas ter grandes pessoas, mas criar comunidades de grandeza".

Maturana refletiu sobre a história mítica do rei Artur, a figura que está no centro das lendas arturianas, o planejador de uma ordem dos melhores cavaleiros do mundo em Camelot: "Não deu certo por causa da ambição, da traição e da competição. Funcionou durante algum tempo, mas então veio o romance entre Lancelot e Guinevere e a traição do filho de Artur, Mordred. Foram as ambições e as fraquezas que o destruíram. Depois, viver juntos em mútuo respeito tornou-se difícil. O que gostaríamos é que houvesse uma comunidade em que as pessoas vivessem juntas, numa colaboração para conservar a honestidade e o autorrespeito. Todas essas coisas foram compreendidas pela humanidade. Entende-se por que a experiência em Camelot falhou, mas a tentativa há de ser lembrada".

Perguntamos a Maturana se existe alguma coisa especial no nosso tempo, algo que nos permitisse não repetir esses erros. Ele respondeu:

"Hoje sabemos praticamente tudo de que precisamos. Nosso problema é termos disposição para agir de acordo com isso, para benefício do ser humano. Temos os meios, mas carecemos da vontade. Por exemplo, há um tema importante que é o crescimento populacional. Se a população continuar aumentando mais e mais, não haverá possibilidade alguma de sustentabilidade. Há uma longa explicação em biologia sobre o que acontece quando uma população cresce desenfreadamente: sobrevém o desastre. Ela aumenta mais do que o meio ambiente pode acomodar. Sabemos disso. Estaremos dispostos a empregar uma rede complexa de ações para impedir esse aumento e a população se tornar estável? Há teorias e doutrinas contra isso. Os que as defendem dizem que estão protegendo a vida. Estão mesmo? Ou estão protegendo a procriação? Se não compreendermos que devemos fazer algo e agir logo, a humanidade estará perdida. Neste momento, sabemos o que precisamos fazer. Temos os meios, mas falta-nos a vontade".

Pedimos a Maturana para falar mais sobre a vontade: "A vontade é a paixão que colocamos ao fazer algo que queremos", explicou ele. "Nossas ações revelam que não temos vontade de fazer o que afirmamos querer fazer. Nossas atitudes mostram que não queremos [realmente] fazer aquela coisa: falta-nos algo. O comportamento humano não é guiado pela razão, mas sim pelas emoções." Em outras palavras, embora os seres humanos digam que desejam alguma mudança – por exemplo, no aquecimento global –, quando chega o momento de agir efetivamente para promover a melhoria, eles não têm a determinação, a vontade de pôr em prática a ação. Continuam a agir de um modo que lhes permita obter aquilo que mais querem – conforto, por exemplo –, mesmo que a lógica e o raciocínio lhes digam que pode haver consequências desastrosas se continuarem a agir como agem.

Maturana explicou ainda: "Nós, seres humanos, dizemos que somos racionais, mas não é bem assim. Somos seres emocionais e usamos a razão para justificar nossas respostas emocionais. Nossos desejos nos dão energia para a ação. Aplicamos essa energia nos domínios em que temos desejos".

Eis o que distingue a grandeza. Os grandes seres que estudamos de forma consistente agiram para além do interesse próprio e do conforto em prol de algo maior. Renunciaram à própria vida – alguns literalmente – e puseram-se a serviço do próximo. Esses atos de amor os distinguiram do resto da humanidade. Mas atualmente o mundo necessita de grandeza coletiva, e não apenas de grandeza individual. Ninguém precisa agir desse modo transcendente, mas, se quisermos utilizar nossa grandeza coletiva, parece necessário que muitos, crucialmente, tenham esse tipo de vontade, essa dedicação a algo superior aos seus próprios desejos.

Fizemos a Dadi Janki a mesma pergunta feita a Maturana: "Existe alguma coisa especial em nossa época, algo que nos permitirá não voltar a cometer os erros do passado?".

Ela replicou: "Sim, *kaliyug* [a era das trevas] está terminando, e *satyug* [a era da verdade] está chegando. Estamos no período intermediário. É o tempo em que é possível conhecer nosso verdadeiro eu, conhecer Deus e ter um relacionamento com Ele. Nós, seres humanos, não podemos criar uma comunidade de grandeza. Nem mesmo grandes indivíduos como Gandhi e Mandela conseguiriam fazer isso. Mas Deus pode, e essa é a tarefa do nosso tempo. Ele cumpre sua tarefa despertando-nos, mostrando-nos quem realmente somos. Numa época em que grande parte do mundo está na escuridão, a luz do novo mundo começa a despontar".

Dadi Janki voltou ao tema do amor: "O segredo para esse despertar consiste em romper a servidão do nosso limitado corpo físico e experimentar aquilo que de fato somos: o ilimitado ser interior, a alma. Nessa consciência da alma lembramo-nos de Deus e sentimos a bem-aventurança de pertencer a Ele. Esse fluxo de amor entre mim, a alma e Deus me proporciona realizações que nunca acreditei possíveis – por exemplo, a coragem e a vontade ou determinação de que fala Humberto [Maturana]".

O que Dadi Janki explicou foi o Santo Graal da busca de algo além da grandeza. Nossa aspiração à grandeza geralmente está fora do alcance porque estamos enredados na limitada compreensão que temos sobre quem somos. Os cavaleiros do rei Artur podem ter sido os melhores cavaleiros do mundo, mas seus esforços se baseavam na percepção limitada de serem entes humanos físicos. Ficaram envolvidos em seus próprios desejos egoístas e não puderam evocar a vontade ou a força interior para agir em benefício de todas as pessoas de Camelot.

A confiança de Dadi Janki sobre o futuro provém de seu relacionamento pessoal com Deus e da força e da clareza que advêm disso. Ela acredita que nesta época, se quisermos ir além de momentos isolados de grandeza e de vidas particulares de grandeza, teremos de nos valer da nossa ilimitada identidade e do manancial inesgotável do poder de Deus para criar uma comunidade de grandeza no mundo. Dadi Janki lembrou-nos de uma coisa que consideráramos anteriormente – o efeito dominó da grandeza. Ela afirmou: "Dizemos que a ciência, a tecnologia e a mídia fizeram deste mundo uma aldeia global. Há um tipo de partilha que faz o mundo ser global. Um pássaro da Ásia pode provocar uma epidemia de gripe no mundo. O mesmo pode suceder com a propagação de uma mudança de consciência. Quando um número suficiente de pessoas começar a enxergar a si mesmo e à humanidade de um modo que não seja limitado pelo mundo físico, o mundo alcançará um ponto máximo e entrará na era da verdade; este é o modo ilimitado em que Deus nos vê".

Capítulo Doze

REFLEXÕES SOBRE A BUSCA DA GRANDEZA

Ao final da nossa pesquisa, concluímos: aquilo que o observador vê ao presenciar um ato de grandeza é amor. O amor surge como o alicerce da grandeza no comportamento humano. Ouvimos sociólogos, biólogos, místicos, educadores e políticos – e, independentemente do que dissessem a respeito de inspiração divina ou biologia do ser humano para explicar semelhantes atitudes, o amor sempre aparecia como fundamento último.

Amor! Que queremos dizer ao falar de amor? Dadi Janki explica que esse sentimento, inato na alma humana, é despertado pela graça de Deus, pela inspiração divina. Quando agimos com base no amor, aceitamos o outro tal como ele é, vendo nele o que há de bom. A pediatra, educadora e filantropa Zilda Arns Neumann percebeu instintivamente que seu trabalho tinha raízes no amor. "Satisfiz à minha necessidade de amar e ser amada", confessou ela. "Certa vez, um jornalista alemão me disse: 'Você é a mulher mais importante do Brasil'. E eu repliquei: 'Não, não sou a mais importante, sou a mais amada'."

Perguntamos a Zilda que conselho daria a uma pessoa que a procurasse porque quer dedicar a vida ao serviço da humanidade. Ela respondeu: "Uma pessoa assim já teria percorrido metade do caminho apenas por fazer tal pergunta. Caberia então avaliar quão preciosa é a vida dela. A vida não é algo que se possa desperdiçar. Essa pessoa tem de refletir sobre a violência e a desigualdade, sobre quanto Deus significa Amor. Perceberá logo que Deus lhe deu a capacidade de tornar-se um instrumento de paz, justiça e solidariedade. O amor preenche a vida".

Segundo Maturana, sabemos que estamos em presença do amor quando vemos alguém se comportar de tal maneira que outro ser logo emerge como "o outro legítimo" em coexistência com ele. Ambas as visões, a científica e a espiritual, concordam em que o comportamento amoroso surge graças a uma inspiração fundamental acionada pela presença do amor. Em suma, sabemos estar diante de uma visão amorosa porque contemplamos o comportamento amoroso que só pode provir dela.

Em flagrante contraste com essa atitude natural de amor e com o pensamento sistêmico que ela engendra, temos o tipo de ideologia, análise e planejamento mencionado antes, marca registrada da ambição em todos os campos. Sempre se disse aos que buscam o sucesso pessoal em qualquer esfera – negócios, política, esportes ou mundo acadêmico – que precisavam estabelecer metas e planos para vencer. Esse conselho incentiva o estreitamento de enfoque e aquilo que Maturana chama de "pensamento linear":

"Vivemos numa época e numa cultura em que cultivamos, mais do que nunca, o pensamento e a ação lineares. Queremos o êxito; queremos a eficiência; queremos a perfeição; queremos a grandeza; queremos vencer a guerra contra a miséria, a fome, a doença. Mas, ao configurarmos nosso pensamento dessa maneira linear, falhamos. O pensamento linear, levado a extremos, provoca inevitavelmente a destruição da humanidade porque acarreta a ruptura das condições sistêmicas da vida – a biosfera e a antroposfera, que tornam nossa existência possível.

Os seres vivos são entidades sistêmicas. Tanto o cosmo quanto as criaturas que o habitam e o engendram tornam-se entidades sistêmicas quando explicam sua existência nele. Os processos lineares arruínam fatalmente quaisquer processos sistêmicos quando lhes põem a mão.

Assim, os caminhos do pensamento linear e das ações lineares na vida humana levam à tenebrosa era Kali Yuga da tradição védica hindu".

Maturana não está fazendo aqui nenhuma declaração religiosa, filosófica ou política. Diz apenas aquilo que brota de sua compreensão da natureza sistêmica de nossa existência biológica, pois a visão sistêmica é a visão do amor. O amor torna possível a visão sistêmica. Maturana afirma que o pensamento linear persistente, quer seja religioso, filosófico, político ou científico, quer provenha de ideais elevados ou da ganância pessoal, nega o amor. E, quando nega o amor, nosso pensamento nega a visão sistêmica.

Somente a visão de amor, a visão sistêmica, nos permite abranger o todo num relance e agir com espontaneidade – às vezes, de um modo que mais tarde só podemos explicar como milagre. O pensamento linear estreita a visão. E, quando a visão se estreita, as ações que empreendemos abalam o entrelaçamento coerente da existência sistêmica dos seres humanos com a biosfera responsável pela vida. Talvez não queiramos destruir esses sistemas de vida sutis e articulados; sucede apenas que o enfoque restrito de nossa meta nos impede de vê-los.

A grandeza não é uma realização. Não é algo que se obtenha por esforço dedicado. A grandeza surge quando um observador fala dela, quando vê um ser humano agindo espontaneamente, com visão sistêmica, e sente-se comovido ou surpreso pelas circunstâncias dramáticas em que a ação ocorre. O que o observador de fato vê é nada mais, nada menos, que a presença do amor como a emoção fundamental que impulsiona, realiza e conserva a qualidade humana.

Falamos de grandeza no comportamento humano quando contemplamos a visão sistêmica sob a forma de ato de amor. A visão e o ato de amor, a visão e a ação sistêmica, são coisas naturais quando não estamos sob o sortilégio de uma teoria ou argumento linear que nos arraste para o pensamento e o ato linear. O pensamento linear nos leva para longe da inocência e da candura de nossa harmonia natural com a conexão amorosa, aquilo que Maturana chamaria de "coerências sistêmicas" do momento presente. O que um observador vê como grandeza é apenas o agir com candura e inocência, fazendo o que o instante exige. É a inocência e a candura do "deixa rolar", a candura e a inocência de esquecer a grandeza.

Assim, se a visão de amor é tão natural, se a candura e a inocência são inatas no ser humano, por que parecem tão raras? Por que as ações de Wesley Autrey, Zilda Arns Neumann e Bart McGettrick não constituem a norma? Por que as consideramos tão inusitadas e comoventes a ponto de discuti-las e recontá-las inúmeras vezes? Perguntamos a Dadi Janki sobre isso. Ela fez o que fazia quase sempre quando lhe indagamos alguma coisa – pediu que permanecêssemos em silêncio por algum tempo. Quando voltou a falar, explicou cuidadosamente por que hoje em dia é necessário um esforço especial:

"Estamos numa época sombria, em que a atmosfera e as pressões do mundo criam uma sensação de peso em nós, dominando nossa mente com pensamentos vãos e negativos. O que antes era natural ao ser humano – viver feliz e em paz – hoje é inusitado. Na vida, paz e felicidade ocorrem em momentos fugazes, que só nos dão o vislumbre de uma luzinha tênue ainda brilhando em nosso íntimo. É notável que, no clima de hoje, um único instante de amor possa induzir uma pessoa a agir heroicamente e a zelar pelo próximo de maneira tão profunda. Nestes tempos, precisamos abanar a chama dessa pequenina luz interior para que a sombra ceda lugar à claridade. Dado que o mundo se encheu de tristeza, medo e cólera, as almas absorveram todas essas coisas, que acabaram por lhes sufocar a natureza afetiva. Temos de aprender a forma certa de meditação para transformar nosso mundo interior e reassumir nossa verdadeira natureza".

Pedimos a ela que discorresse um pouco mais sobre o assunto. Até que ponto esse tipo de concentração difere do pensamento linear descrito por Maturana? Ela explicou:

"O silêncio é a linguagem da alma. No silêncio afiamos nossa percepção divina. O poder do silêncio vem dos pensamentos puros, da boa vontade e da visão consciente do outro. O pensamento linear a que meu irmão Humberto se refere baseia-se no ego, na cobiça. Já a concentração de que falo, alimentada pela força do silêncio, surge quando temos firme percepção de nós mesmos como o ser interior, o ser imortal da luz. Graças a essa percepção, olho naturalmente para o outro com uma visão de amor e sempre sei o que devo fazer a qualquer instante. A ideia clara do que tenho de fazer no momento brota como um sinal ou um toque interior. Muita humildade é necessária para isso. Devo preservar o respeito pelo eu, o respeito pelo outro, o respeito pelo drama da vida e o respeito por Deus. Sabemos estar agindo em consonância com nossa verdadeira natureza devido à felicidade, à alegria e ao êxtase que sentimos na hora".

Relendo o que escrevemos, podemos concluir que, afinal de contas, a grandeza não é tão rara. Está sempre presente nos contatos humanos naturais, quando não nos empenhamos em defender uma ideologia, uma teoria ou uma atitude política. A grandeza está presente na natureza da colaboração. Está presente quando nos ajudamos uns aos outros, quando nos ouvimos com respeito mútuo e quando nos abrimos para uma compreensão comum. A grandeza está aí, naturalmente, porque o amor é a base da coexistência humana.

Raras, sim, são as circunstâncias em que a vida nos convida a agir livres de ideologias, teorias ou compromissos políticos. Nesses casos, aceitamos inconscientemente o convite e agimos instintivamente por amor. Muitos atos de amor fluem sem ser notados, mas às vezes temos sorte e contemplamos aquilo que deveria estar sempre visível na existência humana: o fato de sermos, naturalmente, criaturas amorosas. Ideologias, doutrinas e convicções são o veneno da vida. Elas aprisionam a inteligência e cegam a alma.

As grandes ações praticadas pelas pessoas que mencionamos brotam de algo que é inato em nós – algo que faz parte de nossa natureza original, mas que esquecemos. O apelo atual é para recuperarmos a grandeza perdida. Quer acreditemos ser filhos de Deus, como Dadi Janki acredita, ou criaturas do amor, por causa de nossa constituição biológica, como sustenta Maturana, o resultado é o mesmo.

BIBLIOGRAFIA

Buckley, Cara. *A Man Down, a Train Arriving, and a Stranger Makes a Choice*. New York Times, 3 de janeiro de 2007, A1.

Carson, Clayborne. *The Autobiography of Martin Luther King, Jr.* New York: Warner Books, 1998, p. 9 e 28.

Fredrickson, Barbara L. *The Role of Positive Emotions in Positive Psychology*: The Broaden-and-Build Theory of Positive Emotions. American Psychologist 56, 2001, p. 218-26.

_____. *What Good Are Positive Emotions?*. Review of General Psychology 2, n. 3, 1998, p. 300-19.

Haidt, Jonathan. *Elevation and the Positive Psychology of Morality*. In: Corey L. M. Keyes e Jonathan Haidt (Orgs.). *Flourishing:* Positive Psychology and the Life Well-Lived, p. 275-89. Washington, DC: American Psychological Association, 2003.

Montes, Sue Anne Pressley. *In a Moment of Horror, Rousing Acts of Courage*. Washington Post, 13 de janeiro de 2007, seção Metrô.

COLABORADORES

Hafsat Abiola é uma jovem ativista que trabalha para promover as mulheres, os jovens e a democracia em sua pátria, a Nigéria, e em todo o mundo. É membro-fundadora de várias iniciativas, incluindo Global Youth Connect, Youth Employment Campaign e Vital Voices: Women in Democracy. Abiola é também fundadora e presidente da Kudirat Initiative for Democracy (Kind), ONG que procura consolidar a democracia e o desenvolvimento da Nigéria mediante o fortalecimento de organizações e a criação de iniciativas destinadas a promover as mulheres. Abiola formou-se pela Harvard College em 1996 e recebeu o título de doutora honorária da Haverford College em 2003. Atualmente, reside na China com o marido e dois filhos.

Frei Pierre Ceyrac é um padre jesuíta com bacharelado em letras clássicas e filologia da Sorbonne, na França. Possui também bacharelado em filosofia, teologia, sânscrito e tamil. Chegou à Índia em 1937 e ali ficou até 1980, quando se retirou para passar treze anos num campo de refugiados cambojanos. Regressou à Índia em 1993 e hoje reside em Chennai. A atuação de Frei Ceyrac cobre um amplo espectro de atividades, que incluem trabalho de emergência e caridade, trabalho social e trabalho de desenvolvimento e reconhecimento dos direitos humanos. Todavia, a única área da qual ele fala com o maior amor é a que diz respeito a cuidar de crianças pobres e abandonadas e educá-las.

Barbara Fredrickson é uma destacada professora queniana de psicologia e a principal investigadora do Positive Emotions and Psychophysiology Lab na Universidade da Carolina do Norte. É uma notável estudiosa nas áreas de psicologia social, ciência afetiva e psicologia positiva. Seus centros de pesquisa sobre emoções positivas e desenvolvimento humano são subvencionados pelo National Institute of Mental Health (NIMH). Suas pesquisas e ensino foram reconhecidos com numerosas distinções, entre elas o Prêmio Templeton de Psicologia Positiva da Associação Psicológica Americana de 2000. Seus trabalhos são amplamente citados e ela é convidada com frequência a proferir palestras em nível nacional e internacional. Reside em Chapel Hill, na Carolina do Norte, com o marido e dois filhos.

Tex (Louis Willem) Gunning nasceu nos Países Baixos. É formado em economia pela Universidade Erasmo, de Roterdã. É um conferencista apaixonado, escritor e orador. Seu tema preferido é o papel do comércio na sociedade e a necessidade de lideranças coletivas para enfrentar os maiores desafios do mundo. O senhor Gunning foi conselheiro de muitos líderes e acadêmicos empresariais em todo o mundo. Sua carreira empresarial cobriu mais de 25 anos na Unilever, e ultimamente tem trabalhado como presidente

COLABORADORES

do grupo empresarial Ásia Foods. Em setembro de 2007, foi nomeado diretor-executivo da Vedior, empresa global especializada em serviços de gerência de pesquisas humanas. Após uma bem-sucedida fusão com a Randstad, o senhor Gunning entrou para a AkzoNobel como diretor-gerente da divisão de tintas decorativas.

Jonathan Haidt é professor associado de psicologia na Universidade de Virgínia. Estuda a base emocional da moralidade e da ideologia política. Recebeu o Prêmio Templeton de Psicologia Positiva em 2001 e o Prêmio da Virginia Outstanding Faculty em 2004. Foi professor visitante do Laurance S. Rockefeller no Centro para Valores Humanos da Universidade de Princeton em 2006-07. O senhor Haidt é autor de *The Happiness Hypothesis:* Finding Modern Truth in Ancient Wisdom (Basic Books, 2006). Atualmente está escrevendo *The Righteous Mind:* Why Good People are Divided by Politics and Religion (Pantheon, no prelo).

Dadi Janki é diretora administrativa da Brahma Kumaris World Spiritual University (BKWSU). Entrou para a instituição como membro-fundadora em 1937, com 21 anos. Após catorze anos levando uma vida enclausurada de estudo e ioga, emergiu como pioneira ao trocar a vida de asceta por uma vida familiar aplicada. Foi também uma força destacada ao trazer a sabedoria espiritual antiga da Índia para a vida contemporânea fora da Índia. Dadi Janki é uma das líderes mais renomadas do mundo. Serve a partir de duas localidades: Monte Abu, na Índia, a sede mundial da Brahma Kumaris; e Londres, na Inglaterra, o escritório coordenador internacional da Brahma Kumaris. Apesar de ter 93 anos à época da publicação deste livro, sua convicção de que o mundo necessita de poder espiritual em nossos tempos inspira-a a manter uma agenda rigorosa de palestras e viagens por todo o mundo.

O **Dr. Abdul Kalam** foi o décimo primeiro presidente da Índia, de 2002 a 2007. Engenheiro aeronáutico, é famoso por seu papel no desenvolvimento de pesquisas de defesa na Índia. O Dr. Kalam é também escritor prolífico e fonte de inspiração para o povo da Índia. Diz ele: "Acredito pessoalmente que, quando a nação está progredindo rumo ao desenvolvimento econômico, é igualmente essencial construir a educação com um sistema de valores tirado da herança legada pela civilização. A boa vida humana decorre do nosso modo de vida. Podemos ter uma série de problemas, mas o bilhão de pessoas tem a conectividade que nos dá a força unida".

Humberto Maturana (Romesín) é biólogo. Trabalha há muitos anos na área de biologia da cognição na Universidade do Chile, em Santiago. Desde 2000 dedica todo o seu tempo ao Instituto Matriztic, onde ele e Ximena Dávila Yáñez desenvolveram e expandiram a compreensão da

Matriz Biológico-Cultural da Existência Humana como uma nova visão da fundamental natureza biológico-cultural da humanidade. Reside em Santiago com sua esposa, Beatriz.

Federico Mayor (Zaragoza) é bioquímico de profissão, mas sua paixão é a paz. Serviu como diretor-geral da Unesco de 1987 a 1999. Nesse período, o Dr. Mayor sublinhou a necessidade de valores centrais universais na promoção de soluções multilaterais para problemas globais. Sua liderança no Ano Internacional da Tolerância e no Ano Internacional da Paz e da Não Violência levou a uma década de paz e não violência para as crianças do mundo. Preside atualmente a Fundación Cultura de Paz (Fundação para a Cultura da Paz), fundada por ele em 2000 e que opera com base em Madri, na Espanha.

Bart McGettrick é professor emérito de educação na Universidade de Glasgow. É também professor de desenvolvimento educacional e deão adjunto de educação na Liverpool Hope University. Foi o primeiro deão da faculdade de educação da Universidade de Glasgow. Seu trabalho na área da educação e na vida pública começou quando era professor. Em 1985, foi nomeado diretor do St. Andrew's College, na Escócia. Seu crescente interesse pelo desenvolvimento da educação e seu próprio interesse pessoal pela exclusividade global levaram-no a todos os continentes, salvo a Antártica.

A doutora **Zilda Arns Newmann** foi pediatra. Fundou e dirigiu a Pastoral da Criança, programa inovador de saúde pública que trabalha com mais de 265 mil voluntários para ajudar as famílias pobres do Brasil. "As crianças são a semente da paz ou da violência no futuro, dependendo da maneira como são cuidadas e estimuladas", disse ela a propósito de seu trabalho. "Assim, sua família e o ambiente da comunidade devem semear para produzir um mundo mais justo e mais fraterno, um mundo que sirva vida e esperança." Indicada para o Prêmio Nobel da Paz em 2005, Zilda recebeu muitos outros tributos pelo seu trabalho.

Brooke Rodgers tem bacharelado em belas-artes, em estudos esculturais gerais, do Maryland Institute College of Art. Possui bacharelado em ciências da State University of New York (Suny), em Stonybrook, Nova York, e atualmente é estudante graduada de ciência marinha na mesma universidade.

AUTORIZAÇÕES

Autorizações (*continuação da página 4*)

The Role of Positive Emotions in Positive Psychology: The Broaden-and-Build Theory of Positive Emotions, de Barbara L. Fredrickson, *American Psychologist* 56, 2001, p. 218-26. Reimpresso com autorização de Barbara L. Fredrickson.

Tex Gunning, entrevista com as autoras, Nova York, junho de 2008. Reimpressa com autorização.

Tex Gunning, prefácio ao presente volume. Reimpresso com autorização. © 2008 Tex Gunning.

Elevation and the Positive Psychology of Morality, de Jonathan Haidt. In: Corey L. M. Keyes e Jonathan Haidt (Orgs.), Flourishing: Positive Psychology and the Life Well-Lived, p. 275-89 (Washington: American Psychological Association, 2003). Reimpresso com autorização de Jonathan Haidt.

B. K. Dadi Janki, entrevista com as autoras, San Francisco, junho de 2007 e fevereiro de 2006, Mount Abu, Rajasthan, Índia, fevereiro de 2007. Reimpressa com autorização.

Abdul Kalam, entrevista com as autoras, Nova Délhi. Reimpressa com autorização.

Humberto Maturana Romesín, entrevista com as autoras, Chile, fevereiro de 2007. Reimpressa com autorização.

Federico Mayor Zaragoza, entrevista com as autoras, Madri, maio de 2006. Reimpressa com autorização.

Bart McGettrick, entrevista com as autoras, Glasgow, Escócia, março de 2006. Reimpressa com autorização.

In a Moment of Horror, Rousing Acts of Courage, de Sue Anne Pressley Montes, Washington Post, 13 de janeiro de 2007, seção Metrô, B1. Reimpresso com autorização. © 2007 *The Washington Post*.

Zilda Arns Neumann, entrevista dirigida por Christina Carvalho Pinto, São Paulo, Brasil, maio de 2006. Reimpressa com autorização.

Foto de Humberto Maturana Romesín e B. K. Dadi Janki. Reimpressa com autorização. © 2002.

Brooke Rodgers, entrevista com as autoras, Nova York, maio de 2007. Reimpressa com autorização.

AGRADECIMENTOS

Escrever este livro foi uma verdadeira peregrinação, e simplesmente não o poderíamos ter feito sem a extraordinária orientação e apoio que recebemos em cada etapa do caminho. Obviamente, a peregrinação foi inspirada pela vida e pelo amor de Dadi Janki, que, quando permitiu que o livro fosse escrito, se colocou à disposição para várias entrevistas nas quais explicava os profundos princípios espirituais que estavam por trás das nossas perguntas.

Manifestamos nossa humilde e ilimitada gratidão e apreço a Humberto Maturana, cuja generosidade ultrapassou qualquer coisa que pudéssemos ter solicitado. Colocou-se à disposição durante muitos dias no Chile para uma reflexão mútua e depois permaneceu conosco em cada etapa da caminhada através dos rascunhos do manuscrito, reconduzindo-nos constantemente à verdade simples e profunda.

Tex Gunning, para quem a compreensão da grandeza aplicada é um interesse permanente, encorajou-nos e inspirou-nos quando começamos a esmorecer e apoiou-nos generosamente na pesquisa. E, é claro, houve todos aqueles que consentiram em ser entrevistados: Hafsat Abiola, o padre Pierre Ceyrac, Abdul Kalam, Bart McGettrick, Federico Mayor Zaragoza, Zilda Arns Neumann e Brooke Rodgers. Todos eles foram pacientes, ponderados e generosos. Somos gratas também aos que facilitaram essas entrevistas

– a irmã Asha e o irmão Brij Mohan, na Índia, Christina Carvalho Pinto, no Brasil, Angelica Fanjul, no Chile, Irmã Jayanti Kirpalani, na Inglaterra, o padre Dominique Peccoud, na França, Rita Cleary, nos Estados Unidos, e Miriam Subirana, na Espanha.

Em alguns pontos críticos, beneficiamo-nos imensamente da companhia instigante de Peter Senge e da irmã Mohini Panjabi.

Agradecemos ainda a Jean Brennan pelo projeto da capa.

ÍNDICE REMISSIVO

Abiola, Hafsat, 25, 48-51, 76-77, 107, 125

Abiola, Kudirat, 48-51

Abiola, Moshood, 48

ação abnegada. *Ver também* visão

almas-guias, 38

amor. *Ver também* ação

apartheid, 62-63, 70, 73

"Até que ponto são boas as emoções positivas?" (Fredrickson), 94-95

"atores-heróis", 39, 55, 72

Autrey, Wesley, 42-44, 47, 57, 68, 73, 80, 86, 95-96, 105, 107, 119

Blanchemaison, Claude, 67

Brahma Kumaris World Spiritual University, 30,127

Brasil, 91, 93, 116, 130

Buckley, Cara, 41

Camelot, 109, 112

Carson, Clayborne, 59

Ceyrac, Pierre, 26, 65, 67-68, 75-76, 80, 105, 107, 125

Chirac, Jacques, 67

comunidades de grandeza, 109

"coerências sistêmicas", 119

compassiva,

De Klerk, Frederik W., 61-64, 73

DeGeneres, Ellen, 96

efeito dominó da grandeza, 87, 97, 113

Fausto (Goethe), 101-102

Fifth Discipline, The (Senge), 18

Fredrickson, Barbara, 94-95, 126

Gandhi, Mohandas K., 19, 22, 59, 66-67, 95, 108, 112

Guiding-Souls: Dialogues on the Purpose of Life (Kalam, Tiwari), 38

Gunning, Tex (Louis Willem), 18, 98, 126-127

Haidt, Jonathan, 87-89, 91-94, 127

"herói do metrô", 41,95

heroísmo,

"atores-heróis", 39, 55, 72

"herói do metrô", 41, 95

"heroísmo instantâneo", 55

"heroísmo tranquilo", 57

Hollopeter, Cameron, 42-43, 47, 96, 107

Índia, 17, 19, 26, 30, 37, 65-67, 71, 75-76, 80, 89, 105, 107-108, 125, 127-128

Janki, Dadi, 17, 27, 30-33, 35-36, 38, 44, 56, 61, 68, 70, 74, 78, 80, 97, 103-104, 108, 111-112, 115, 119, 127-128

Kalam, Abdul, 26, 37-38, 128
kaliyug, 111
King, Martin Luther, Jr., 22, 59-60, 68, 95
Kudirat Initiative for Nigerian Democracy (Kind), 50-51, 125

Letterman, David, 96

Madre Teresa, 19, 22, 59, 67, 89-90
Mahatma Ghandi, 19, 22, 59, 66-67, 95, 108, 112
Mandela, Nelson, 61-63, 73, 112
Maturana, Beatriz, 27, 81, 129
Maturana, Humberto, 27-30, 32-33, 35-36, 38, 44, 55, 63, 73, 77, 81, 84, 97, 100-102, 109-112, 116-120, 122, 128
Mayor, Federico, 26, 61, 63, 129
McGettrick, Bart, 26, 52-57, 73, 80, 105, 107, 119, 129

Neumann, Zilda Arns, 26, 91, 116, 119
New York Times, 41, 86, 95

Obi-Wan Kenobi, 81
Olian, Roger, 46
organizações não governamentais (ONGs), 25
"outros legítimos", 28

Pastoral da Criança, 91, 130
Pinto, Christina Carvalho, 26

queda do avião do voo 90 da Air Florida, 45, 47, 57, 68, 84

Rádio Kudirat da Nigéria, 50
Raja Ioga, 31, 104
Ramraj, 108
rei Artur, 109, 112
Rodgers, Brooke, 82, 85, 130
Rose, Charlie, 96

satyug, 111
Senge, Peter, 18
"servidores do mundo", 18-19, 27, 71
Sherlock, Jerry, 97
Skutnik, Lenny, 46-47, 84
Skywalker, Luke, 80

teoria do "aumento e ampliação" das emoções positivas, 94-95
Tiwari, Arun, 38
Trump, Donald, 96

Unesco, 26, 61-63, 129
Usher, Don, 68

Varela, Francisco, 28

Washington Post, 45
Williams, Arland, Jr., 45

Zaragoza, Federico Mayor, 26, 61, 63, 129

SOBRE AS AUTORAS

Judy Rodgers passou a vida trabalhando na interseção da mídia, da educação e do comércio. É bacharel pela Universidade de Michigan e graduada em inglês pela Miami University of Oxford, Ohio. Nos vinte anos seguintes, trabalhou como professora de inglês, roteirista de rádio, produtora de vídeo e empresária de projetos de mídia para educar líderes empresariais. Atuou com guias de meditação como Walter Cronkite e autores de *best-sellers* como John Naisbitt, Tom Peters e Peter Senge.

Interessa-se pelos modos como as ideias importantes chegam ao grande público. Isso a levou a lançar projetos de mídia e a criar empresas, fundações, centros e iniciativas em apoio ao movimento de ideias importantes. Em 1985, juntou-se a três outros investidores na compra de uma divisão da CBS-Fox Vídeo, que se tornou a Vídeo Publishing House, empresa editora de vídeos educacionais em Chicago, especializada na divulgação de teorias de administração, liderança e mudança.

Em meados da década de 1990, conheceu pessoas e deparou com teorias que transformaram sua vida e seu trabalho. Estudou ontologia da linguagem, graças à qual veio a conhecer o biólogo cognitivo Humberto Maturana. Estudou o campo emergente da psicologia positiva e a teoria e a prática da Appreciative Theory com David Cooperrider. E começou a estudar Raja Ioga com a Brahma Kumaris (bkwsu.org). Isso marcou uma mudança em seu foco: começou a considerar a relação entre consciência, pensamento, modos de ver, linguagem e ação.

Em 1997, fundou o Communication Architecture Group, por meio do qual administra projetos de comunicações e de mídia, consultoria organizacional e treinamento. Em 1999, cofundou uma iniciativa de conversa global com a mídia chamada Images and Voices of Hope para fortalecer o papel da mídia como força construtora na sociedade. Continua sendo diretora da Images and Voices of Hope (ivothope.org).

Em 2003, cofundou, com o professor de administração David Cooperrider, o Center for Business as an Agent of World Benefit na Weatherhead School of Management da Case Western Reserve University.

Este livro é uma continuação de sua investigação sobre a relação entre percepção interior, pensamento, visão e ação.

Gayatri Naraine é representante da Brahma Kumaris (BK's) nas Nações Unidas desde 1980. Quando conheceu a BK's, em 1975, era uma jovem que trabalhava na Universidade de Guiana, no escritório do Deão de Educação. Em 1978, foi para os Estados Unidos e logo depois passou a promover a representação da Brahma Kumaris nas Nações Unidas em Nova York, começando com o Departamento de Informação Pública (DIP). Conseguiu obter a afiliação formal ao DIP para a Brahma Kumaris em 1980. Três anos mais tarde, estava convencida de que a espiritualidade e os valores eram ingredientes que ainda faltavam no trabalho das Nações Unidas e começou a se empenhar para assegurar um órgão consultivo para a Brahma Kumaris no Conselho Econômico e Social (Ecosov), obtendo-o em 1983.

Como contato nas Nações Unidas, seu papel consistia em conectar o que elas estavam fazendo em escala global, nos campos social e humanitário de desenvolvimento, com o que a BK's promovia nas mesmas áreas usando sua perícia em crescimento espiritual dos povos numa escala pessoal. As Nações Unidas trabalhavam pelo bem-estar dos povos em todas as nações e buscavam promover as condições adequadas para o cumprimento de seus direitos humanos, como direito à educação, à saúde e à paz. Ela reconheceu que a BK's tinha certa perícia na dimensão espiritual, que podia ser explorada e estendida do pessoal ao coletivo por meio de sua relação com as Nacões Unidas.

Isso marcou o começo de seu interesse permanente pela relação entre percepção pessoal e transformação da consciência e mudança no mundo. Ao longo dos vinte anos seguintes, dirigiu vários projetos de expansão e participou das conferências de cúpula das Nações Unidas em todo o mundo.

Para cada conferência, desenvolviam-se declarações de posição e realizavam-se atividades que expandiam um tema central: para a mudança ocorrer no mundo exterior, deveria haver uma transformação na percepção interior do indivíduo. As pessoas precisavam ver um mundo diferente antes de poder transformar a política, os sistemas e as relações.

Ao conceituar a contribuição que a Brahma Kumaris poderia dar na esfera das atividades das Nações Unidas, Gayatri desenvolveu uma premissa: o que as NU estavam fazendo poderia ser simplificado e tornar-se mais significativo para a vida diária das pessoas. Essa estratégia revelou-se particularmente eficaz nos dias comemorativos das Nações Unidas: o Dia Internacional da Paz, o Dia Internacional da Tolerância, o Dia Mundial da Saúde, o Dia Mundial do Ambiente, o Dia Internacional da Mulher e o Dia Internacional da Juventude.

Gayatri teve um papel crucial no desenvolvimento do Programa de Educação Valores Vivos e trabalhou estreitamente com a Unicef e a Unesco em sua implementação. Contribuiu também para a Agenda sobre Trabalho Decente da Organização Internacional do Trabalho (OIT) em sua consulta com organizações não governamentais.

Ao longo dos anos em que trabalhou com pessoas em comunidades não governamentais e na sociedade civil dentro e fora das Nações Unidas, Gayatri testemunhou que, quando uma pessoa participa de sua capacidade individual, mas sabe que é para um propósito maior do que seu interesse pessoal, ela extrai um dom especial. Sabe que não está trabalhando apenas para si, ou mesmo para seu país ou região, mas dedicando seus esforços ao mundo. Essa percepção evoca nas pessoas sua grandeza interior, e é esse dom que elas oferecem.

O Espírito do Líder
Lições para tempos turbulentos

Autor: Ken O' Donnell
ISBN: 978-85-99362-36-5
Número de páginas: 160
Formato: 14 x 21 cm

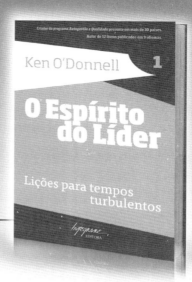

Reflexões para uma vida plena

Autor: Ken O' Donnell
ISBN: 978-85-99362-44-0
Número de páginas: 116
Formato: 11,5 x 18,5

As quatro faces da Mulher

Autora: Caroline Ward
ISBN: 978-85-99362-35-8
Número de páginas: 288
Formato: 14 x 21 cm